广东省教育科学规划 2021 年度中小学教师教育科研能力提升
盘 2030》的中小学数学一体化教学实践研究"(项目编号：2021YQJK012)主要研究成果。

中国教科院粤港澳大湾区教育发展专项研究 2020 年度立项课题"粤港澳大湾区背景下
'1＋2＋N'教师教育共同体发展研究"(项目编号：GBAJY-YB202001)阶段性研究成果。

广东教育学会"十四五"教育科研重点课题"粤港澳大湾区背景下'五位一体'协同育人
模式研究"(项目编号：GDESH14003)阶段性研究成果。

再论中小学数学一体化教学

周日桥　著

吉林大学出版社

· 长春 ·

图书在版编目(CIP)数据

再论中小学数学一体化教学 / 周日桥著. . —长春：
吉林大学出版社，2022.11
　ISBN 978-7-5768-1259-6
　Ⅰ.①再… Ⅱ.①周… Ⅲ.①数学课－教学研究－中
小学 Ⅳ.①G633.602
　中国版本图书馆 CIP 数据核字(2022)第 230012 号

书　　　名：**再论中小学数学一体化教学**
　　　　　　ZAI LUN ZHONG-XIAOXUE SHUXUE YITIHUA JIAOXUE

作　　　者：周日桥
策 划 编 辑：黄国彬
责 任 编 辑：张鸿鹤
责 任 校 对：甄志忠
装 帧 设 计：姜　文
出 版 发 行：吉林大学出版社
社　　　址：长春市人民大街 4059 号
邮 政 编 码：130021
发 行 电 话：043l—89580028/29/21
网　　　址：http：// www. jlup. com. cn
电 子 邮 箱：jldxcbs@sina. com
印　　　刷：天津和萱印刷有限公司
开　　　本：787mm×1092mm　　1/16
印　　　张：12. 5
字　　　数：320 千字
版　　　次：2023年5月　第1版
印　　　次：2023年5月　第1次
书　　　号：ISBN978-7-5768-1259-6
定　　　价：88. 00 元

前　言

本书是广东省教育科学规划 2021 年度中小学教师教育科研能力提升计划项目"基于《学习罗盘 2030》的中小学数学一体化教学实践研究"（项目编号：2021YQJK012）主要研究成果。该课题由广州市番禺区石碁教育指导中心周日桥设计并主持研究，主要由石碁片区（石碁镇、大龙街）中小学承担具体研究实践工作。该课题是在广州市教育科学规划 2018 年度立项课题"构建培养中小学数学核心素养的一体化策略研究"（课题编号：201811751，主持人：周日桥）及其实践成果基础上的进一步深化，侧重于"一体化教学"实践探索及范式提炼。

经过近几年的研究，全部完成了课题预定的研究计划，达成了预定的研究目标。

在二十多年的数学教育教学生涯中，笔者时常会遇到不少一线教师和学生面临的一些共同困惑，譬如同一领域的知识分散在不同学段，怎样才能完整地掌握知识的精髓，怎样理解它们之间的关系？又如时常会听到大学教师埋怨高中教学，高中教师埋怨初中教学，初中教师埋怨小学教学，小学教师埋怨幼儿园习惯养成。再如不少教师尤其是上了一定年纪的教师，认为教学就是教学（"以本教本"）、教研就是教研（"应付参与"），两者关系不大甚至是不相关，能否找到一种理念或策略使得"教—学—研—训—评"形成系统的一致性呢？以上问题对教师来说，或许基于主题单元的一体化教学能够使其从整体出发看待和设计教学内容，通过运用不同的教学策略和教学手段解决学生遇到的问题；或许以入口素养领航出口教学、以出口教学影响入口素养等理念可有效打通学段衔接；或许构建"教学—教研—科研—培训—评价"形成"五位一体"的研修策略可以有效促进教师专业发展。对于学生来说，或许一体化教学导向的学习能够帮助学生更加容易地把握数学的本质，建立知识结构体系，培养思维能力，提升核心素养。基于以上思考，作者在 2020 年著作《中小学数学一体化教学》的基础上，经过两年多的"实践—思考—实践"，逐步坚定了书写《再论中小学数学一体化教学》的信心和恒心。

2019 年 3 月，习总书记在学校思想政治理论课教师座谈会上强调"要把统筹推进大中小思政课一体化建设作为一项重要工程"①，思政课一体化建设为数学一体化教学提供了构建思路和借鉴经验。经济合作与发展组织［Organization for Economic Co-operation and Development，简称经合组织（OECD）］发布《学习罗盘 2030》，致力于构建新的学习生态系统，它在原有关键能力的基础上提出新的关键能力，同时将学生学习与发展的研究从点到面，扩展至同伴、教师、父母、社区等多个社会支持体系。其核心理念是主体性，包括学生主体性和合作主体性，即充分发挥各利益相关者的协同作用，共同促进学生的学习与发展②。教育是为未来准备的，《学习罗盘 2030》提出如何利用知识、技能、态度与价值观，帮助学生实现"在陌生环境中自定航向"③，找到应对不确定性的正确方法。

2021 年 7 月，中共中央办公厅、国务院办公厅印发了《关于进一步减轻义务教育阶段学生作业负担和校外培训负担的意见》（以下简称"双减"政策）。"双减"政策以"以学生为本，助推素质全面提升"为发展逻辑，明确提出"坚持学生为本、回应关切，遵循教育规律，着眼学生身心健康成长，保障学生休息权利，整体提升学校教育教学质量"④。教育部基础教育司司长吕玉刚曾强

---

① 习近平. 用新时代中国特色社会主义思想铸魂育人 贯彻党的教育方针落实立德树人根本任务［N］. 人民日报，2019-03-19(01).

② 臧玲玲. 构建新的学习生态系统：OECD 学习框架 2030 述评与反思［J］. 比较教育研究，2020(1)：11，18.

③ OECD. OECD learning compass 2030［EB/OL］.（2019-5-22）［2020-10-27］. http：//www.oecd.org/education/2030-project/teaching-and-learning/learning/2019-5.

④ 中华人民共和国中央人民政府. 中共中央办公厅 国务院办公厅印发《关于进一步减轻义务教育阶段学生作业负担和校外培训负担的意见》［EB/OL］.（2021-07-24）. http：//www.gov.cn/zhengce/2021-07/24/content_5627132.htm.

调，"学生完成国家课程方案和课程标准规定的学习内容，是应尽的学习义务，合理的负担是学生开发智力、激发潜力、锻炼能力的必要条件，而不应该被视为过重学业负担""还要鼓励学生认真学习、勤奋学习、刻苦学习，这是我们的优良传统，同时也要让学生的努力付出是值得的"①。

2022 年 4 月，《义务教育课程方案》②（2022 年版）深化教学改革中指出"探索大单元教学"。在改进教育评价中提出"促进'教—学—评'有机衔接"。这为"大单元教学"、促进"教—学—评"一体进一步探索、尝试和完善提供了有力的政策支持。可以预见，探索"大单元教学"、促进"教—学—评"一体等将是今后一个时期集体备课研究的重点内容。那么，作为一线教师，如何积极、主动、认真地参与，并勇于实践，勤于思考，善于总结，为"大单元教学"、促进"教—学—评"一体等贡献出自己的教育智慧呢？一体化教学应运而生。基于《学习罗盘 2030》的一体化教学，以落实"双减"政策、新课程方案、提升中小学学生学习数学的兴趣、培养学生学习数学的应用意识和创新精神为目的，培养数学学科核心素养和创造力、研究力和合作精神，提升教师的育人观和指导力，促进专业发展。

中小学数学一体化教学是指在"双减"政策及《学习罗盘 2030》理念引领下，依据中小学数学课程标准，师生共同构建的一种促进知识学习、思维训练、能力培养和素养提升一体化发展的教学理念和教学策略。从理论上，"一体化教学"是一种教学理念；从实践上，"一体化教学"是一种教学策略。

一体化教学依据系统论思想，以入口素养领航出口教学、出口教学影响入口素养，整体构建教学内容、理性思维、数学素养等方面的衔接；以数学单元教学为主要教学方式；以高阶思维培养为教学导向；以螺旋式、一体化提升学生的数学核心素养为目标。一体化教学倡导的课堂的内涵是"谋划中实现共赢，变化中寻求突破，互动中成就你我"。③

本书通过育人目标上采取引领方式、策略上采取一体化教学、课型上采

---

① 中华人民共和国教育部. 减负不是让学生没负担，而是优化合理负担[N]. 中国青年报，2019-11-11(01).

② 中华人民共和国教育部. 义务教育课程方案（2022 年版）[M]. 北京：北京师范大学出版社，2022：14-15.

③ 周日桥. 中学数学"三课合一"单元教学一体化探索[J]. 中学数学（高中），2020(9)：95-97.

取"三课合一"、评价上采取"多个维度观测"一体化等创新研究视角，探索实现立德树人、素养导向、数学育人、横纵贯通、多元评价的"幸福育人"范式。

笔者从 2017 年开始对一体化教学进行探究，对历年高考数学题分析、中小学教学衔接、一体化教学与"五育并举"等方面进行了不同层面、不同角度的研究与实践，相关研究成果先后发表在《中学数学教学参考》《高中数理化》《中学数学(高中版)》《数学教学通讯》《数理天地》《中小学教育》《教学与研究》等省级及以上教育类学术期刊上，并于 2019 年 6 月编著(第一作者)《"碁美"课堂教学理论与实践——基于"碁文化"落实学生素养的探索》，2019 年 12 月编著(第二作者)《"碁美"课堂实践：数学学科一体化探索》，2020 年 10 月完成个人专著《中小学数学一体化教学》。随着不断深入研究及积极探索实践，笔者认为，以"再论中小学数学一体化教学"为题开展实践研究，仍具有很广阔的探索空间和很适切的现实意义。

本书是在《中小学数学一体化教学》这一著作基础上，通过中小学数学一体化教学的价值追求、结构拓展、内容框架、教学与教研模式、实践举隅等五个部分进行论述，侧重突出一体化教学与高考试题评析、常规教学应用、督导评价及"五育并举"融合等方面的实践探索。

本成果是在番禺区域"上品教化"和镇域"碁道育人"理念下的"融乐·碁美"一体化教学实践。基于《学习罗盘 2030》的中小学数学一体化教学依据系统论思想，培养由解决"一道题"变为解决"一类题"的高阶思维，不断创新、优化教学设计和作业设计，让学生体验数学之"美"。对一线教师或数学研究者在教学中落实"立德树人"的根本任务，实现中小学各学段有机衔接、相互协调、科学发展。

尽管在写作的过程中，本人数易书稿，多次修改，但限于学识、水平、时间和视野，在本书中可能存在许多不足，恳请读者朋友给予批评指正。

著者

2022 年 3 月于广州番禺

目　录

第一章　中小学数学一体化教学的价值追求 ……………………（1）

第一节　一体化教学探究的现实意义 ………………………（3）

第二节　一体化教学探索的应用价值 ………………………（12）

第三节　一体化教学探求的学术价值 ………………………（14）

第二章　中小学数学一体化教学的结构拓展 ……………………（17）

第一节　数学教育幸福育人 …………………………………（17）

第二节　素养导向一体化教学 ………………………………（19）

第三节　中小学数学一体化教学 ……………………………（20）

第三章　中小学数学一体化教学的内容框架 ……………………（27）

第一节　一体化教学的总体框架 ……………………………（27）

第二节　一体化教学的基本内容 ……………………………（28）

第四章　中小学数学一体化教学与教研模式 ……………………（43）

第一节　一体化教学与教研模式构建 ………………………（46）

第二节　"一体三课六研"创新实践 …………………………（56）

第五章　中小学数学一体化教学的实践举隅 …………………（68）

　　第一节　高考试题评析及一体化备考建议 ………………（68）

　　第二节　中小学数学一体化教学应用探究 ………………（91）

　　第三节　一体化教学与督导评价深入融合 ………………（165）

　　第四节　一体化教学与"五育并举"深入融合 …………（175）

后　记 ………………………………………………………（191）

第一章　中小学数学一体化
教学的价值追求

习近平总书记在 2018 年全国教育大会上对我国新时代中国特色社会主义教育理论体系进行了系统论述，并提出了"树立现代教育理念"的重要论述。他指出："实现教育现代化，首先是教育理念要现代化，深化教育改革也必须从创新理念开始。"①"我国义务教育已经进入由普及到均衡再到优质均衡的高质量发展的新阶段。""双减"政策提出"全面贯彻党的教育方针，落实立德树人根本任务，着眼建设高质量教育体系，强化学校教育主阵地作用……构建教育良好生态，有效缓解家长焦虑情绪，促进学生全面发展、健康成长"②。

2021 年 11 月 10 日，联合国教科文组织面向全球发布《共同重新构想我们的未来：一种新的教育社会契约》（"Reimagining our futures together：a new social contract for education"）报告，探讨和展望面向未来乃至 2050 年的教育。报告认为，世界正处于一个新的转折点。加剧的社会和经济不平等、气候变化、生物多样性丧失、资源透支，以及以数字技术为代表的颠覆性技术，都给教育带来重大影响。教育作为解决世界不平等现象的重要支点承载着人类的美好期许，但它又需要回应关于重新构想"为何学、怎样学、学什么、哪儿学和何时学"的迫切需求。"当我们展望 2050 年，我们应该继续做什么？我们应该抛弃什么？我们需要创新什么？""教育可以视为一种社会契约——一种

---

① 孙春兰. 深入学习贯彻习近平总书记关于教育重要论述　奋力开创新时代教育工作新局面 [EB/OL]. （2018-09-30）. http：// www. yueyang. gov. cn/lgxg/30006/31871/31874/content_1422996. htm.

② 中华人民共和国中央人民政府. 中共中央办公厅 国务院办公厅印发《关于进一步减轻义务教育阶段学生作业负担和校外培训负担的意见》[EB/OL]. （2021-07-24）. http：//www. gov. cn/zhengce/2021-07-24/content_5627132. htm.

社会成员间为了共享的利益而合作达成的默许协议。"新的教育社会契约需要我们以不同的方式思考学习以及学生、教师、知识和世界之间的关系①。

2019 年 5 月，《学习罗盘 2030》终稿发布了，聚焦包容性学生发展，旨在驱动全球教育系统和更大的生态系统的变革。《学习罗盘 2030》不再采用以往的惯用方式去细化特定的知识和技能，而是将学习框架比作"罗盘"，旨在强调：如何利用知识、技能、态度与价值观，帮助学生实现"在陌生环境中自定航向(navigating oneself)"②，找到应对不确定性的正确办法，最终实现自身、社会和全球的福祉。

由此可知，在大力推进教育现代化的背景下，以《学习罗盘 2030》③ ("未来教育和技能 2030"项目：面向更广泛的教育目标——为个人和集体的幸福感)引领推进区域教育优质均衡发展，并解决区域教育关键问题显得尤为重要。从创新教育理念出发，创建并形成有效促进区域教育发展的、具有高兼容性的区域教育理念，是落实区域教育均衡发展、深化学科教学改革的重要抓手，具有十分重要的现实意义。

教育是为未来做准备的。当前经济全球化和新技术的快速进步，正不断改变着人们生活和工作的世界，也对教育系统产生了极其重要的影响。一些全球性的大趋势，如数字化、气候变化、人工智能的进步等，正促使教育的目标和方法发生根本性变革。世界各国无一不正感受着这些变革趋势所带来的强烈冲击。面对时代变革，个人和社会都面临着巨大的挑战。今天的学生需要什么样的知识、技能、态度和价值观，才能在 2030 年健康成长并主动构建属于他们的未来世界？教学系统如何能有效地培养学生具备这些知识、技能、态度和价值观？

---

① 中国常驻联合国教科文组织代表团 编译《中国教育报》2021 年 11 月 11 日头版.

② 张娜，唐科莉. 以"幸福"为核心：来自国际组织的教改风向标——基于《2030 学习罗盘》与"教育 4.0 全球框架"的分析[J]. 中小学管理，2020(11)：28-30.

③ OECD. OECD learning compass 2030［EB/OL］.（2019-5-22）［2020-10-27］. http://www.oecd.org/education/2030-project/teaching-and-learning/learning/2019-5.

第一节　一体化教学探究的现实意义

一、基于教育优质均衡一体化教学的改革发展需要

《中国教育现代化 2035》①强调："到 2035 年，要建成服务全民终身学习的现代教育体系……实现优质均衡的义务教育。"缩小校际差距、推动校际均衡是我国推进教育公平的重要政策目标。2019 年 6 月《中共中央 国务院关于深化教育教学改革全面提高义务教育质量的意见》②第 11 条提到"加快缩小城乡教育差距"；第 13 条"优化教师资源配置"中提到"加大县域内城镇与乡村教师双向交流、定期轮岗力度，建立学区（乡镇）内教师走教制度"；第 21 条提到"推进义务教育薄弱环节改善与能力提升，……促进县域义务教育从基本均衡向优质均衡发展"。"双减"政策提出"各地要巩固义务教育基本均衡成果，积极开展义务教育优质均衡创建工作，促进新优质学校成长，扩大优质教育资源。积极推进集团化办学、学区化治理和城乡学校共同体建设，充分激发办学活力，整体提升学校办学水平，加快缩小城乡、区域、学校间教育水平差距"③。

2019 年 3 月 18 日，习近平总书记在学校思想政治理论课教师座谈会上强调"要把统筹推进大中小学思政课一体化建设作为一项重要工程，推动思政课建设内涵式发展"。2019 年 8 月，中共中央办公厅、国务院办公厅印发《关于

---

① 中华人民共和国中央人民政府. 中共中央、国务院印发《中国教育现代化 2035》[EB/OL].（2019-02-23）. http：//www. gov. cn/zhengce/2019-02/23/content _ 5367987. htm.

② 中华人民共和国教育部. 中共中央 国务院关于深化教育教学改革全面提高义务教育质量的意见[EB/OL].（2019-06-23）. http：//www. moe. gov. cn/jyb _ xxgk/moe _ 1777/moe _ 1778/201907/t20190708 _ 389416. html.

③ 中华人民共和国中央人民政府. 中共中央办公厅 国务院办公厅印发《关于进一步减轻义务教育阶段学生作业负担和校外培训负担的意见》[EB/OL].（2021-07-24）. http：//www. gov. cn/zhengce/2021-07/24/content _ 5627132. htm.

深化新时代学校思想政治理论课改革创新的若干意见》①，明确了"坚持思政课在课程体系中的政治引领和价值引领作用，统筹大中小学思政课一体化建设，推动各类课程与思政课建设形成协同效应"的基本原则，并为未来大中小学思政课一体化建设确定了主攻方向。显然，大中小学思政课一体化建设思路为数学学科教学也提供了发展思路和借鉴经验。可见，国家教育政策从中央到地方，不偏不倚由省、市、区、片区一体化执行落实，是新时代区域教育优质均衡发展的迫切需要，对提供公平而有质量的教育具有十分重要的实践意义。

二、基于落实学科素养一体化教学的素养培育需要

《教育部关于全面深化课程改革 落实立德树人根本任务的意见》②中提到"研究制订中小学各学科学业质量标准和高等学校相关学科专业类教学质量国家标准，根据核心素养体系，明确学生完成不同学段、不同年级、不同学科学习内容后应该达到的程度要求，指导教师准确把握教学的深度和广度，使考试评价更加准确反映人才培养要求。各级各类学校要从实际情况和学生特点出发，把核心素养和学业质量要求落实到各学科教学中"。

2020 年 5 月，教育部颁布了《普通高中数学课程标准（2017 年版 2020 年修订）》③，强调"引导教学更加关注育人目的，更加注重培养学生核心素养"。核心素养是未来学校课程真正的 DNA，面向未来的学校课程，必须要基于核心素养、指向核心素养、为了核心素养。核心素养是素质教育再出发的起点，核心素养将成为未来基础教育改革的灵魂。学生核心素养的培育，其核心的目的就是解决培育什么人的问题。《教育部关于全面深化课程改革 落实立德树

---

① 中共中央办公厅、国务院办公厅印发了《关于深化新时代学校思想政治理论课改革创新的若干意见》［EB/OL］.（2019-08-14）. http：//www.xinhuanet.com/politics/2019-08/14/c_1124876294.htm.

② 中华人民共和国教育部. 教育部关于全面深化课程改革 落实立德树人根本任务的意见［EB/OL］.（2014-03-30）. http：//old.moe.gov.cn/publicfiles/business/htmlfiles/moe/s7054/201404/167226.html.

③ 中华人民共和国教育部. 普通高中数学课程标准（2017 年版 2020 年修订）［S］. 北京：人民教育出版社，2020：5.

人根本任务的意见》①将学生发展核心素养明确为：学生应具备的适应终身发展和社会发展需要的必备品格和关键能力。（见图 1）"核心素养强调的不是知识和技能，而是获取知识的能力。核心素养教育取代知识传授体系，这将是素质教育发展历程中的一个重要节点，意义深远。"一线教师如何落实核心素养的培育，目前还处于探索实践的阶段，尤其是课堂上如何落实核心素养的培育，什么办法或策略、模式更为有效，这是目前很多人都在思考的问题。

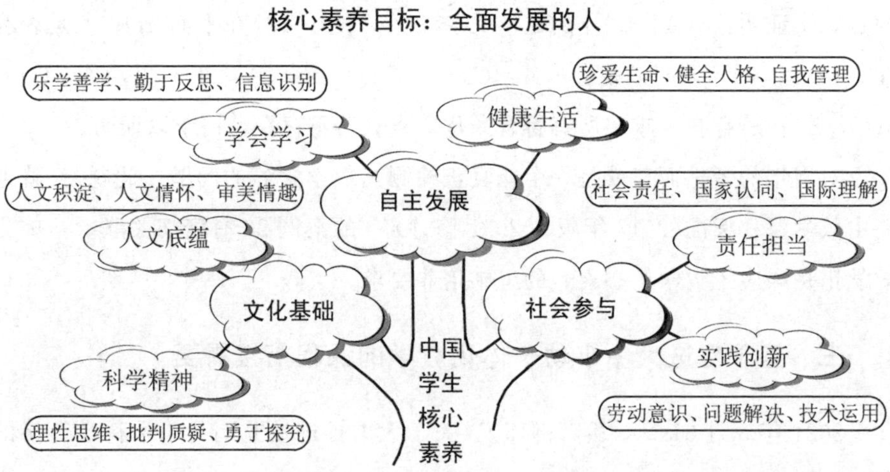

核心素养目标：全面发展的人

图 1　核心素养培育目标图

　　结合上述，高中数学教学要以社会主义核心价值观为统领，以发展学生数学核心素养为导向，以《普通高中数学课程标准（2017 年版 2020 年修订）》及数学新教材为依据，实现"人人都能获得良好的数学教育，不同的人在数学上得到不同的发展"②。面向未来的新高考考什么？其价值取向是什么？作为数学学科，那就是考数学素养。也就要考理解，考探究，考问题解决。

　　"问题是数学的心脏"，如在高三教学的问题设计中，问题设计不仅要求

---

　　①　中华人民共和国教育部. 教育部关于全面深化课程改革 落实立德树人根本任务的意见[EB/OL]. （2014-03-30）. http://old. moe. gov. cn/publicfiles/business/htmlfiles/moe/s7054/201404/167226. html.

　　②　中华人民共和国教育部. 普通高中数学课程标准（2017 年版 2020 年修订）[S]. 北京：人民教育出版社，2020.

学生得到正确的结果或结论，更要重视计算、推理、论证的过程，注重思维训练，让学生有所"悟"，主要包括以下几点：一是考哪些基础知识？二是每题的思维突破口在哪？三是有哪些通性通法、本质规律？

例如：2010 年全国高考（广东卷）理科数学第 21 题：设 $A(x_1, y_1)$，$B(x_2, y_2)$ 是平面直角坐标系 xOy 上的两点，现定义由点 A 到 B 的一种折线距离 $\rho(A, B)$ 为 $\rho(A, B) = |x_2 - x_1| + |y_2 - y_1|$，对于平面 xOy 上给定的不同的两点 $A(x_1, y_1)$，$B(x_2, y_2)$，（1）若点 $C(x, y)$ 是平面 xOy 上的点，试证明：$\rho(A, C) + \rho(C, B) \geqslant \rho(A, B)$。（2）在平面 xOy 上是否存在点 $C(x, y)$，同时满足 ①$\rho(A, C) + \rho(C, B) = \rho(A, B)$；②$\rho(A, C) = \rho(C, B)$；若存在，求出所有符合条件的点；若不存在，请予以证明。

对当年的考生而言就是一个能真正检测其数学素养的问题。此题与《普通高中数学课程标准(2017 年版 2020 年修订)》①的案例 23 有密切关联。一体化教学正是顺应了数学核心素养的思维培养要求。

三、基于促进大中小幼一体化教学的课程衔接需要

2021 年 3 月 31 日，教育部印发《关于大力推进幼儿园与小学科学衔接的指导意见》②（以下简称《指导意见》），提出"坚持双向衔接。强化衔接意识，幼儿园与小学协同合作，科学做好入学准备和入学适应，促进儿童顺利过渡"。《指导意见》强调"幼小衔接是一项系统工程，各级教育部门要充分认识做好幼小衔接工作的重要意义，研究制订本地幼小科学衔接具体实施方案，切实把幼小衔接工作纳入基础教育课程改革的重要内容，统筹各方资源，提供经费支撑，确保幼小衔接工作取得实效"。《指导意见》明确了两个阶段双向衔接的任务，即幼儿园入学准备和小学的入学适应。从社会对人才素质的要求而言，各级学校在课程内容方面应当是逐级向上衔接的，而从人才发展的连续性规律而言，各级学校在教学方法方面应当是逐级向下衔接的。"学校要开齐开足

---

① 中华人民共和国教育部. 普通高中数学课程标准(2017 年版 2020 年修订)[S]. 北京：人民教育出版社，2020：148.

② 中华人民共和国教育部. 教育部关于大力推进幼儿园与小学科学衔接的指导意见[EB/OL]. (2021-03-30). http://www.moe.gov.cn/srcsite/A06/s3327/202104/t20210408 _ 525137.html.

开好国家规定课程，积极推进幼小科学衔接，帮助学生做好入学准备，严格按课程标准零起点教学，做到应教尽教，确保学生达到国家规定的学业质量标准。"①

《教育部关于全面深化课程改革 落实立德树人根本任务的意见》②提到"高校、中小学课程目标有机衔接不够，部分学科内容交叉重复，课程教材的系统性、适宜性不强"；在"准确把握全面深化课程改革的总体要求"的"工作目标"中强调"基本建成高校、中小学各学段上下贯通、有机衔接、相互协调、科学合理的课程教材体系；基本确立教育教学主要环节相互配套、协调一致的人才培养体制"；在"主要任务"中强调"统筹小学、初中、高中、本专科、研究生等学段（包括职业院校）。进一步明确各学段各自教育功能定位，理顺各学段的育人目标，使其依次递进、有序过渡。要避免有的学科客观存在的一些内容脱节、交叉、错位的现象，充分体现教育规律和人才培养规律"；"教材编写、修订要依据课程标准和教学大纲等要求，加强各学段教材上下衔接、横向配合"；"建立考试命题人员资格制度，命题人员应熟悉中小学课程标准、教材、教学实际以及学校招生要求，充分发挥课程标准研制人员在中、高考命题中的作用"。由上可知，推行大中小幼一体化教学对于促进区域教育的教学课程衔接具有多元的现实意义。

四、基于聚焦学生发展一体化教学的质量提升需要

"教学质量是教育工作的生命线。在'双减'背景下，如何提高课堂教学质量、确保学业水平，是我们必须答好的一道必答题。教育部门和学校要把教学工作作为核心工作去抓，切实提高学校教学工作科学化、专业化、规范化水平。"③2021年全国两会政府工作报告在"十四五"时期的主要目标任务中提

①　中华人民共和国中央人民政府. 中共中央办公厅 国务院办公厅印发《关于进一步减轻义务教育阶段学生作业负担和校外培训负担的意见》[EB/OL]. （2021-07-24）. http://www.gov.cn/zhengce/2021-07/24/content_5627132.htm.

②　中华人民共和国教育部. 教育部关于全面深化课程改革 落实立德树人根本任务的意见[EB/OL]. （2014-03-30）. http://old.moe.gov.cn/publicfiles/business/htmlfiles/moe/s7054/201404/167226.html.

③　吕玉刚. 做优做强学校教育，全面提高落实"双减"工作水平[J]. 人民教育，2021（24）：12-14.

出"建设高质量教育体系，建设高素质专业化教师队伍"。没有教师的高质量，就谈不上教育的高质量。在教育高质量发展阶段，教师要思考，如何提高自己的专业水平。这个问题既关系大局，又关系到每个孩子的成长。2019 年 6 月 23 日，中共中央 国务院印发《关于深化教育教学改革全面提高义务教育质量的意见》①就是加快推动我国义务教育高质量发展的动员令，其中明确指出："全党全社会都要关心支持深化教育教学改革、全面提高义务教育质量工作。"坚持教学相长，注重启发式、互动式、探究式教学，教师课前要指导学生做好预习，课上要讲清重点难点、知识体系，引导学生主动思考、积极提问、自主探究。融合运用传统与现代技术手段，重视情境教学；探索基于学科的课程综合化教学，开展研究型、项目化、合作式学习。

2020 年 5 月，教育部颁布了《普通高中数学课程标准（2017 年版 2020 年修订）》②，提出"更加强调提高学生综合运用知识解决实际问题的能力，帮助教师和学生把握教与学的深度和广度，为阶段性评价、学业水平考试和升学考试命题提供重要依据，促进教、学、考有机衔接，形成育人合力"。可见，一体化教学对于落实新课程标准、提高数学教学质量、促进教—学—考有机衔接等方面都具有相当重要的硬核意义。

五、基于教育高质量发展一体化教学的片区实践需要

为贯彻落实《教育部关于加强和改进新时代基础教育教研工作的意见》③（2019 年 11 月），深化基础教育综合改革，打造高水平基础教育教研体系，有力支撑广东省基础教育高质量发展，教育教学要"坚持学生为本、回应关切，遵循教育规律，着眼学生身心健康成长，保障学生休息权利，整体提升学校

---

① 中华人民共和国教育部. 中共中央 国务院关于深化教育教学改革全面提高义务教育质量的意见[EB/OL]. (2019-06-23). http：//www. moe. gov. cn/jyb _ xxgk/moe _ 1777/moe _ 1778/201907/t20190708 _ 389416. html.

② 中华人民共和国教育部. 普通高中数学课程标准（2017 年版 2020 年修订）[S]. 北京：人民教育出版社，2020：5.

③ 中华人民共和国教育部. 教育部关于加强和改进新时代基础教育教研工作的意见[EB/OL]. (2019-11-25). http：//www. moe. gov. cn/srcsite/A06/s3321/201911/t20191128 _ 409950. html.

教育教学质量"①。2020年6月，广东省教育厅颁布了《广东省教育厅关于建立健全新时代基础教育教研体系的实施意见》②（以下称《实施意见》），该《实施意见》提出"建成富有广东特色、国内领先、上下联动、横向贯通的新时代教研体系"基本目标的具体举措。《实施意见》紧扣新时代基础教育改革发展主题和教研工作的使命任务，系统谋划广东基础教育教研新体系建设蓝图，对推动广东基础教育高质量发展具有重大意义。

石碁片区（一镇一街）所在区域是城乡接合部，共有35所中小学、58所幼儿园，其中4所公办中学（含两所完全中学）、1所公办7所民办九年一贯制学校、23所公办小学，尤其是在小学中还有6所"麻雀"村小学校（每个年级只有一个班）。虽然各校办学的基础条件都基本达标，但由于历史和社会经济条件等方面的原因，区域之间、校际的办学条件不均衡现象仍然十分突出。有些学校教师缺编严重，使教师一个人负担的教育教学工作任务繁重。整个片区有56.3%的学生是来穗人员子女，这些学生来自全国各地，他们的知识水平和学习习惯等很多方面与本地学生相比，表现出明显的差异性。调研发现，不少课堂教学低效、无效，关键在于教学"断层"、碎片化，很多教师在教学过程中很难精准把握教学定位、顾此失彼，比较关注知识技能的训练，而弱化了知识的本质。教学目标空泛而不具体，无法使学生充分理解并贯穿教学始终，学生的主体地位得不到体现，更不能实现高效课堂教学。根据《学习罗盘2030》理念引领、系统论及目标分类学的相关理论，区域一体化教学的实践策略可以有效地弥补以上之不足。

六、基于大中小幼数学一体化教学的能力培养需要

能力是知识、技能、态度和价值观的集合。《学习罗盘2030》将"能力"（competency）作为一个包含知识、技能、态度和价值观的综合概念提出，强

---

① 中华人民共和国中央人民政府. 中共中央办公厅 国务院办公厅印发《关于进一步减轻义务教育阶段学生作业负担和校外培训负担的意见》[EB/OL].（2021-07-24）. http://www.gov.cn/zhengce/2021-07/24/content_5627132.htm.

② 广东省教育研究院. 广东省教育厅关于建立健全新时代基础教育教研体系的实施意见[EB/OL].（2020-06-02）. https://3g.163.com/dy/article/FE3Q9GK40516A1SJ.html.

调能力的内涵不仅仅是知识和技能的获得，还包括充分利用知识、技能、态度和价值观应对复杂的需求。一体化教学秉承番禺区"研学后教"3.0升级版的教学理念，明确提出让课堂真正成为落实"立德树人"的主阵地，让过程真正成为核心素养培育的主渠道(图2)。

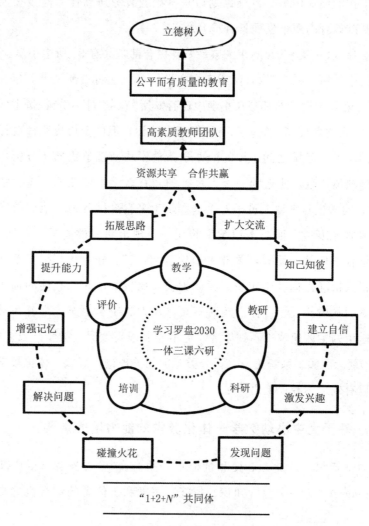

图2 一体化教学以"立德树人"为指引

区域教育改革为本研究提供了一个非常好的研究环境及时机。数学学科一体化教学把焦点集中在对教学内容、方法和策略等的研究上，探求如何通过数学的学习教会学生用数学的眼光去观察世界、发现问题，以及如何用严谨的逻辑和恰当的方法去解决问题，突出了数学教育的根本。本书从大中小幼数学一体化教学的角度，着重研究从数学批判性思维、数学创造性思维、数学元认知能力和数学问题解决能力等方面去培养学生利用知识、技能、态度和价值观应对复杂的社会需求，创造更好的未来。

综上所述，研究团队将大中小幼的数学教学一体化来考虑是一个新的尝试、新的创举。现实教学中经常听到大学教师埋怨高中教学，高中教师埋怨初中教学，初中教师埋怨小学教学，小学教师埋怨幼儿园习惯养成。究其原因，在于教材常用知识的断层或重复。重复的部分又让教师常常感到不够透彻甚至误导，断层则需要让学生补全知识技能才能进入下一阶段的学习，影响了学时计划。人们常说数学是"美"的，但究竟"美"在何处？很多人往往不明所以。数学的"美"不同于现实中的"美"，它以一种抽象方式存在于数学知识之中，这就需要教师透过表象深挖蕴藏在数学知识背后的"美"，提升学生对数学的鉴赏能力[1]。中小学数学一体化教学是个很好的尝试，希望从小学开始就对学生进行数学美的熏陶，也需要明确每一节课的目标，避免一些形式上热闹实际上离题万里的教学活动，使课堂在充满思辨的过程中展现数学之"美"。

国情决定了教学不可能摆脱升学考试的评价，所以如何在升学考试和培养数学素养之间取得某种平衡是个值得探讨的问题，课堂教学达到何种境界在于教师的眼界以及对数学内容的理解达到何种境界，中小学数学一体化教学或许可以在一定程度上解决这个问题并将碎片化的知识有机整合起来。本研究拟从中小学数学一体化教学范式的角度进行探索，以"再论中小学数学一体化教学"为题，在石碁片区开展系列研究，其意义是可以预见的。

---

① 周日桥. 中小学数学一体化教学[M]. 长春：吉林大学出版社，2020：20.

第二节　一体化教学探索的应用价值

一、推进城乡教育一体化发展

在番禺区"研学后教"3.0升级版理念引领和石碁片区"碁道育人"理念推动下，通过一体化教学促进城乡教育优质均衡高质量发展，提升学校办学水平，促进学校在师资、生源、教育资源等方面的进一步优化，逐步形成片区数学学科高质量发展的良性循环，改进城乡教育的实践效果。

二、领航大中小幼一体化衔接

打通大—中—小—幼的数学教学一体化衔接，以有密切联系的内容板块（如数感、符号意识、几何直观，统计、函数、方程思想等）为载体，进行教学内容一体化的实践研究。指导思路是"以入口素养领航出口教学，以出口教学影响入口素养"。以中学数学为侧重研究的"中心领域"，上下向高校、小幼等学校开展一体化教学实践研究，在教学中教师要重视学生的知识与技能的掌握和情感、态度、价值观的养成，要帮助学生实现"在陌生环境中自定航向（navigating oneself）"[1]，从而促进片区教学质量的提升和教师专业的发展，实现石碁片区教育优质均衡高位发展，使区域内每一个学生都能获得数学之"美"和学习之"美"，享受优质均衡的教育服务。

三、促进学生思维一体化培育

维果茨基的"最近发展区理论"，认为学生的发展有两种水平：一种是学生的现有水平，另一种是学生可能的发展水平。两者之间的差距就是最近发展区。一体化教学正是着眼于学生的最近发展区，为学生提供带有难度的内容，调动学生的积极性，发挥其潜能，超越其最近发展区而达到其可能发展到的水平，然后在此基础上进行下一个发展区的发展。一体化教学正是遵循

---

[1]　张娜，唐科莉. 以"幸福"为核心：来自国际组织的教改风向标——基于《2030 学习罗盘》与"教育4.0全球框架"的分析[J]. 中小学管理，2020(11)：28-30.

学生学习数学的认知规律、知识的内在联系和思维的有效连接，减轻了心理负担和学习压力。它启发我们不仅要以学生的"实际发展水平"而教；而且要以学生的"潜在发展水平"而教，通过一体化教学引导学生全面而超前地发展数学思维。

四、构建专业研修一体化模式

"教师研修课程和研修方式要针对不同群体、不同发展阶段教师进行分类专题培训，尊重教师专业自主及发展的创造性和差异性，鼓励教师共同体学习和团队发展，拓宽教师发展空间，促进教师多元化发展，增强专业幸福感。"[①] 本书通过基于城乡教育优质均衡发展视域下"1+2+N"教育共同体一体化教学的探索，打造石碁片区中小学混合研修团队，通过"教学—教研—科研—培训—评价"五位一体化研修模式(图3)，以"学生喜欢"的课堂教学达到

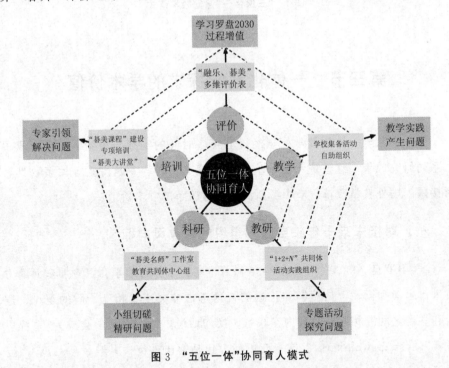

图3　"五位一体"协同育人模式

---

① 杨德军，黄晓玲，范佳午，等. "双减"背景下中小学管理亟待升级[J]. 人民教育，2021(24)：33-35.

"教师幸福"为发展目标，探索适合不同层次学生水平的"三课合一"课堂教学范式(图4)，助力薄弱学校教育教学质量的快速提高，促进中小学数学研修共同体的建构和优质资源的开发与利用。

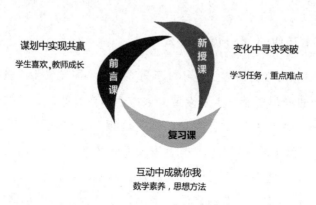

谋划中实现共赢
学生喜欢，教师成长

前言课

新授课

变化中寻求突破
学习任务，重点难点

复习课

互动中成就你我
数学素养，思想方法

图 4 "三课合一"课堂教学范式

第三节 一体化教学探求的学术价值

中小学数学一体化教学探索经过五年多时间的实践与检验，初步形成了一系列研究成果，这些成果如研究课题、论文发表、专题讲座等大多数具有对接国内国外教学改革、新中考新高考课程改革的学术价值。

一、对接未来十年来自国际组织的教改风向标

《学习罗盘 2030》强调要为 2030 做好准备，个体必须学会以更加全面的方式进行思考和行动，从短期和长远的视角考虑冲突或者相互矛盾的观点、逻辑和立场之间的相互联系和内在联系。换句话说，他们必须学会成为"系统思考者"(systems thinkers)。这一变革能力包括解决冲突、共鸣、参与度/沟通技能/协作技能、观点取舍和认知灵活、适应性/抗压性、信任(自我、他人、机构)等。为培养具有变革能力的学生，我们需要提前做好系统设计，即一体化教学准备。

二、落实数学核心素养培养的顶层设计理念

2020 年 5 月，教育部颁布了《普通高中数学课程标准（2017 年版 2020 年修订）》①，强调"引导教学更加关注育人目的，更加注重培养学生核心素养"。数学核心素养是数学素养中最重要的思维品质和关键能力，是人们通过数学的学习建立起来的认识、理解和处理周围事物时所必备的品质与能力，通常是在人们与周围环境产生相互作用时所表现出来的思考方式和解决问题的策略。因此，素养培养要从入口看出口，从起点看变化，从顶层设计上通过一体化教学充分发挥引导、诊断、改进、激励等作用。

三、落实《中国高考评价体系》的选才育人目标

一体化教学基于《中国高考评价体系》②中的学科素养指标体系（图 5），能深化中小学数学课堂教学改革，促进区域教育优质均衡发展。

（1）从中小学一体化教学的角度分析石碣片区中小学数学课堂教学低效化缘由。探索一体化教学重难点分析、把握策略，引导教师理性掌握一体化定位、刚性把握一体化教学重难点，提升学科教师把握一体化教学重难点的能力。

（2）基于《中国高考评价体系》③（图 6）将国家和高校的选才需求与素质教育育人目标有机连通，是实现"招—考—教—学"全流程各个环节无缝衔接、良性互动的关键。一体化教学可引导学生掌握结构化知识，提升教师教学的整体规划意识，增强教学效能。

---

① 中华人民共和国教育部. 普通高中数学课程标准（2017 年版 2020 年修订）[S]. 北京：人民教育出版社，2020：5.

② 教育部考试中心. 中国高考评价体系［EB/OL］.（2020-01-17）. https：// gaokao. chsi. com. cn/gkxx/zc/moe/202001/20200107/1867542310. html.

③ 教育部考试中心. 中国高考评价体系［EB/OL］.（2020-01-17）. https：// gaokao. chsi. com. cn/gkxx/zc/moe/202001/20200107/1867542310. html.

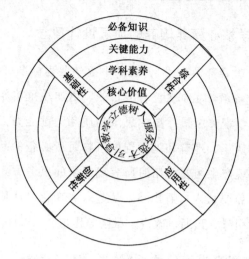

图 5 《中国高考评价体系》核心价值及学科素养指标图

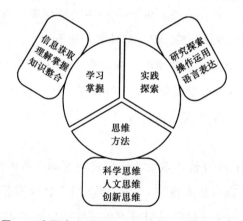

图 6 《中国高考评价体系》及学科素养指标体系

第二章　中小学数学一体化
教学的结构拓展

第一节　数学教育幸福育人

一、指向幸福教学

2019 年 5 月，《学习罗盘 2030》提出了建构"学生主体性"（student agency）这一重要概念，并将它作为面向 2030 学习的核心，其内涵是为了实现"幸福2030"，必须让学生从教育中完成蜕变，成为有目标、有反思意识的主体，积极地投身到学习过程中以实现自身理解和认可的目标，而不是简单从教师那里接受固定的教学或者指导。如图 7 所示。

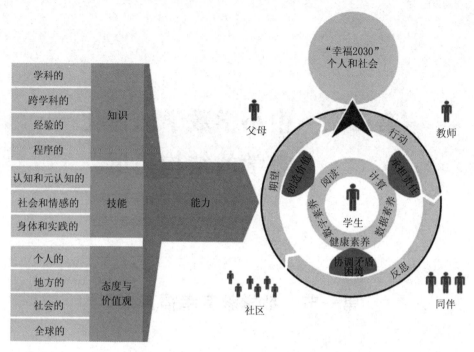

图 7 《学习罗盘 2030》的主要内涵及"幸福 2030"导向

二、数学一体化教学与幸福育人

数学一体化教学就是以大单元(并非通常所指的"单元")为教学内容的主要单位,整理融会中小学数学单元教学环节,把培养学生的数学核心素养的理论与实践相结合的教学作为一个整体考虑,一体化制订教学计划,构建数学核心素养整体培养目标体系,通过各个教学环节的落实来保证整体目标的实现。数学一体化教学旨在根据学生的身心发展无缝衔接、螺旋式提升学生的数学核心素养,真正让学生成为有目标、有反思意识的主体,实现"人人都能获得良好的数学教育,不同的人在数学上得到不同的发展"的"幸福育人"教学范式。

第二节 素养导向一体化教学

素养是指一个人的修养，从广义上讲，包括道德品质、外表形象、知识水平与能力等各个方面。核心素养这个概念舶来于西方，英文词是"key competencies"，其中"key"在英语中有"关键的""必不可少的"等含义，"competencies"可以直译为"能力"，但从它所包含的内容看，译成"素养"更为恰当。核心素养是素质教育再出发的起点，核心素养将成为未来基础教育改革的灵魂。学生核心素养的培育，其核心的目的就是解决"培育什么人"的问题。《教育部关于全面深化课程改革 落实立德树人根本任务的意见》①将学生发展核心素养明确为"学生应具备的适应终身发展和社会发展需要的必备品格和关键能力"，"核心素养强调的不是知识和技能，而是获取知识的能力。核心素养教育取代知识传授体系，这将是素质教育发展历程中的一个重要节点，意义深远"。核心素养具体回答了"培养什么人"的问题，有助于实现从学科教学中心转向对人的全面发展的关注，为育人模式、评价方式的转型奠定了基础、指明了方向。核心素养是课程改革的原动力，学校教育应立足学生的终身发展和社会需要，培养学生良好的素养。

在数字变革时代，随着大数据的出现，数字化素养（digital literacy）和数据素养（data literacy）变得与身体健康及心理幸福一样重要②。在联合国核心素养体系以及 OECD③、美国、新加坡、欧盟、日本等具有代表性的国家、地区、国际组织的文献中发现，各国都高度重视和强调核心素养的指标体系，虽然在体系构建上略有不同，但共性特点突出。主要聚焦在语言能力、数学素养、学会学习、问题解决能力、沟通与交流、团队合作、国际视野、信息

---

① 中华人民共和国教育部. 教育部关于全面深化课程改革 落实立德树人根本任务的意见[EB/OL]. （2014-03-30）. http://old.moe.gov.cn/publicfiles/business/htmlfiles/moe/s7054/201404/167226.html.

② 张娜，唐科莉. 以"幸福"为核心：来自国际组织的教改风向标——基于《2030 学习罗盘》与"教育 4.0 全球框架"的分析[J]. 中小学管理，2020(11)：28-30.

③ 褚宏启，张咏梅，田一. 我国学生的核心素养及其培育[J]. 中小学管理，2019(05)：4-7.

素养、创新与创造力、社会参与与贡献、自我规划与管理等内容上。这些核心素养是各学科教学的共同培养目标，需要在中小学各学科、各学段实施一体化教学加以落实。

第三节　中小学数学一体化教学

一、一体化教学研究概貌

笔者从 2017 年开始对一体化教学进行探究，对历年高考数学题分析、中小学教学衔接、一体化教学与"五育并举"等方面进行了不同层面、不同角度的研究与实践，相关研究成果发表在《中学数学教学参考》《中学数学》《数学教学通讯》《高中数理化》《中小学教育》《教学与研究》等学术期刊上，2019 年 6 月编著《"碁美"课堂教学理论与实践——基于"碁文化"落实学生素养的探索》（第一作者），2019 年 12 月编著《"碁美"课堂实践：数学学科一体化探索》（第二作者），2020 年 10 月完成个人专著《中小学数学一体化教学》；另有省、市教育科学规划课题立项研究等成果（图 8），主要研究以下问题。

（1）探索石碁片区中小学数学一体化教学重难点解决中存在的问题，梳理中小学数学课堂教学低效、无效脉络。

（2）探索整合出片区中小学数学教学内容中的重难点，从理论和经验层面探索基于一体化教学的重难点解决策略，为区域教育优质均衡发展、把准教学一体化重难点提供优质资讯。

（3）探索区域教育优质均衡视域下中小学一体化教学重难点解决策略的教学案例、中小衔接优化范式，探索基于一体化教学的课堂教学优化策略，推动城乡区域课堂教学的有效转变。

（a）

（b）

（c）

（d）

图8 一体化教学成果简录

（e）

（f）

（g）

（h）

图8　一体化教学成果简录（续）

对于一体化教学的课程整体理念，国内外学者有着大量的研究。美国学者加里·鲍里奇从系统观角度分析了单元与课时的关系，他认为系统的力量在于整体大于部分之和，通过计划好的许多课时的共同作用，知识、技能和理解得以逐渐发展，产生出越来越复杂的结果。系统，或者说一体化教学的各部分之间的关系是看不见的，但又是最重要的，正是它使单元结果大于课时结果之和。著名教育心理学家皮连生甚至预测，今后教学设计关注的不仅仅是一个学科中某一知识点的学习过程，也不仅仅是学习的认知过程，而应从人的整体发展的规律和角度去进行教学设计。

二、一体化教学的理论基础

一体化教学理论的提出与 19 世纪欧美国家"新教育运动"的兴起有直接关系，其倡导者认为学生的学习内容与学习活动应该是一个整体，教材的人为分割使得学生学到的知识碎片化，难以建构完整的思维体系，不利于发展学生的能力和培养合作精神。杜威主张实用主义的单元教学，其学生克伯屈在此基础上提出一体化教学的具体实施步骤。1920 年，梁启超提出"分组比较教学法"[1]，认为教学需要通盘考虑，文章不要一篇一篇去讲解，要将其进行恰当分组，且可以选择两个星期教一组，或三个星期教一组，这是我国一体化教学的雏形。1995 年，覃可霖[2]提出在单元教学中可将几个单元组成一个更大的单元，使得一体化教学不再局限于教科书中的"单元""章"或者"编"，教师可以在教材的基础上，创造性地进行一体化的组合，构成"大单元"。

学习罗盘[3]由主体精神与变革能力、课程能力和能力发展循环圈组成，其核心是学生的主体精神，强调学生需要学会在陌生的环境中自主导航，并以有意义和负责任的方式找到自己的方向，而不是被动地接受固定的指示。变革能力包括创造新价值，勇于担责任，学会破难题；课程能力指向核心基础、知识、技能、态度和价值观；能力发展循环圈由预期—行动—反思三个阶段构成，揭示了学习的迭代过程。一体化教学正是切合了《学习罗盘 2030》中关于主体精神与变革能力、课程能力和能力发展所追求的更为广泛的教育目标——为个人和集体的幸福感。

---

①　安尊华. 试论梁启超对比较研究法的运用[J]. 贵州文史丛刊，2010(002)：62-64.

②　覃可霖. 单元教学漫谈[J]. 广西师院学报，1995(01)：81-85.

③　张娜，唐科莉. 以"幸福"为核心：来自国际组织的教改风向标——基于《2030 学习罗盘》与"教育 4.0 全球框架"的分析[J]. 中小学管理，2020(11)：28-30.

三、一体化教学的构建思路

一体化教学是以教材为基础，用系统论的方法对教材中具有某种内在关联性的内容进行分析、重组、整合并形成相对完整的教学单元，在教学整体观的指导下将教学诸要素有序规划，以优化教学效果的教学设计。它不仅包括教学要素分析、教学目标确定、教学流程设计，也包括教学流程的实施以及评价、反思与改进等。众多学校所提倡的中学数学高效课堂，往往把注意力集中在具体某节课的教学设计上，专心钻研设计课堂教学过程的每一个细节，往往是"承上启下""着实重要"等词汇的堆砌，容易出现"只见树木而不见森林"的情况，难以从整体上宏观把握教材。这样的做法会导致学生所学知识支离破碎、没有体系，影响学生的持续发展。为此，教师要贯彻"一体化教学"的基本思想和要求，处理好"课时教学设计"与"单元教学设计"之间的关系，重视一体化教学设计。数学一体化教学通常由数学教师根据教学需要来设计，可以以重要的数学概念或核心知识为主线组织一体化教学，也可以以数学思想方法为主线组织一体化教学，还可以以数学核心素养、基本能力为主线组织一体化教学。

四、一体化教学的概念

中小学数学一体化教学[①]是指依据数学课程标准，师生共同构建的一种促进学生知识学习、思维训练、能力培养及素养提升一体化发展的教学理念与教学策略。从理论层面上看，一体化教学是一种科学教学理念；从实践层面上看，一体化教学也是一种教学策略(图9)。《再论中小学数学一体化教学》是在"双减"政策及《学习罗盘 2030》理念引领下的中小学数学一体化教学实践。一体化的核心是系统建构；系统建构的目的是教学优化(即优化教学)；教学优化的目的、功能和本质是：提高教学效率和课堂效益，提升数学教学的科学性、综合性和应用性，培养提升学生的数学思维能力、数学核心素养和问题解决能力。

---

① 周日桥. 中小学数学一体化教学[M]. 长春：吉林大学出版社，2020：9-10.

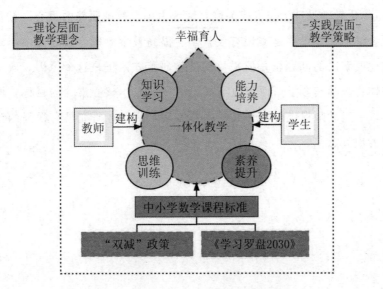

图 9　中小学数学一体化教学概念图

　　一体化教学依据系统论思想，以出口要求引领入口设计，整体设计教学内容、理性思维、数学素养等方面的衔接。一体化教学倡导单元教学、深度学习，以螺旋式、一体化方式提升学生的数学核心素养，实现中小学各学段有机衔接、相互协调。

　　由于在教学实践过程中，教师对课程整体理念缺乏足够的认识，数学教材中各个知识点的安排较为分散，学校数学课程建设工作有所欠缺，教师工作压力大、教学负担重等，不少数学教师没有太多的时间系统学习和研究相应的数学课程体系，特别是在教学设计中对各条知识主线的关注和研究不够。再者，对数学教师的培养缺乏长期性和针对性、系统性和整体性。根据数学学科的课程整体理念，只有充分尊重学生的认知规律、心理和生理发展特点，充分遵循数学内在的逻辑思想体系，充分体现整体性、规律性、结构性和连续性，才能抓住数学的本质，使教师的教和学生的学更轻松、更高效，才能让学生真正走进数学，感受数学的应用价值和文化价值，培养学生严密的逻辑思维能力、严谨的科学态度。

　　一体化教学在中小学教学中基本上还是处于初步实践阶段，城乡区域学校的课程开发和课堂转型必须从一体化教学设计做起，倡导基于"数学核心素养"的一体化教学设计，应当成为城乡区域中小学教师研修的重心；教师掌握一体化教学的基本程序是实现有效教学、提高教学效率、做好大中小幼有效衔接首先要解决的问题，是值得提倡的教研范式。正是这个原因，研究团队认为一体化教学契合了新课程改革提出的发展数学核心素养的目标，可以为城乡区域一线教师提供可资借鉴的操作方法，所以本研究具有很强的针对性和一定的现实意义。

第三章　中小学数学一体化
教学的内容框架

第一节　一体化教学的总体框架

本书以石碁片区（一镇一街）为例，研究梳理中小学数学课堂教学低效脉络，筛选整合出片区中小学数学教学内容中的重难点，从理论和经验层面探索基于学科一体化教学的有效范式（图 10），推动城乡区域课堂教学的有效转变，提升教师专业发展水平，从而促进教学质量的快速提升和城乡区域教育的优质均衡发展。

图 10　数学一体化教学总体框架

第二节　一体化教学的基本内容

一、目标设计一体化[①]

《普通高中数学课程标准(2017 年版 2020 年修订)》[②]指出：数学课程以学生发展为本，落实立德树人根本任务，培育科学精神和创新意识，提升数学学科核心素养。数学课程面向全体学生，实现人人都能获得良好的数学教育，不同的人在数学上得到不同的发展。具体而言，数学教育要培养学生的教育观和数学观，以发展学生数学学科核心素养为导向，创设适合学生的教学目标，启发学生思考，引导学生把握数学内容的本质。要使目标、设计一体化，聚焦素养，提高教学质量。

本研究将小初高划分为以下五个学段：第一学段小学 1～2 年级，第二学段小学 3～4 年级，第三学段小学 5～6 年级，第四学段初中，第五学段高中。

总目标方面，数学核心素养是"四基"的继承和发展。第一、二、三、四学段作为基础：基本知识，基本技能，基本思想，基本活动经验。第五学段作为提升：数学核心素养。

要真正理解数学核心素养，就要从"双基"说起。传统数学教育的"双基"是指基础知识和基本技能，2001 年开始的课程改革，在"双基"的基础上提出三维目标，就是知识与技能、过程与方法、情感态度与价值观。这里所说的"情感态度与价值观"就是现在核心素养所说的必备品格。但是，三维目标中所说的"过程与方法"并不能成为目标，因为没有说明让学生获得什么。为此修订"过程"目标，表述为：通过学生参与其中的数学教学活动过程，让学生感悟数学的基本思想，积累数学思维和实践的基本经验。这就把"双基"发展为"四基"，即在"双基"的前提下，加上了基本思想和基本活动经验。基本思想包括抽象、推理、模型。由此可以看到，数学核心素养与传统数学教育是一脉相承的，数学核心素养是"四基"的继承和发展，中小学数学一体化教学

---

① 彭朝峰，周日桥. 走班制背景下小初高衔接一体化的思考与实践[J]. 中小学教育，2019(12)：52.

② 中华人民共和国教育部. 普通高中数学课程标准(2017 年版 2020 年修订)[S]. 北京：人民教育出版社，2020：2.

正是基于此摸索出来的一种新尝试。

以"学生喜欢"实现"专业发展"为教学设计目标,研究探索中小学数学一体化教学的目标设计流程(图 11)。

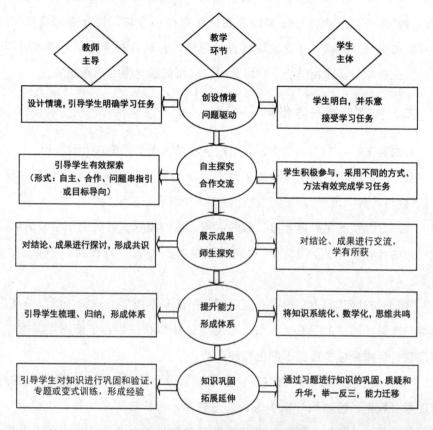

图 11　数学一体化教学设计流程图

在实践中应从起始年级的学生实际出发,采用低起点、小梯度、多训练、分层次的方法,将教学目标分解成若干层次逐层落实。设法与上位学段的知识点相衔接,通过创设问题情境充分引导点拨,先落实"双基",后变通延伸并进行能力迁移,进而考查"四基"。

心理学研究表明[1],学习效率与学习方式密切相关,学习两周后的情形如下:单纯听讲能记住 5%;以声音、图片等方式能记住 20%;以他人示范能

---

[1]　桑孟变. "学习金字塔"理论在高中数学教学过程中的应用[J]. 数学教学通讯,2021(27):53-54.

记住 30%；以小组讨论能记住 50%；以实际操作能记住 75%；以"教别人"或"马上应用"能记住 90%。"教学做是一件事，不是三件事。我们要在做中教，在做中学"①，陶行知先生的这一教育思想，很好地揭示了任何教学活动都是"教学做"统一的过程。目标设计要充分考虑在小升初、初升高的教学实践，尤其要加强"教学做"一体化的整体设计思路，打破各种束缚学生跨越升级的格局，让教学与实践相结合，学以致用，进而促进学生的全面发展。

二、内容衔接一体化②

从内容来看，小学、初中、高中数学已经实现了螺旋式上升安排。

第一、二、三、四学段分别依据学生身心发展安排了四个部分的课程内容："数与代数""图形与几何""统计与概率""综合与实践"。

"数与代数"的主要内容有：数的认识、数的表示、数的大小、数的运算、数量的估计；字母表示数、代数式及其运算；方程、方程组、不等式、函数等。

"图形与几何"的主要内容有：空间和平面基本图形的认识，图形的性质、分类和度量；图形的平移、旋转、轴对称、相似和投影；平面图形基本性质的证明；运用坐标描述图形的位置和运动。

"统计与概率"的主要内容有：收集、整理和描述数据，包括简单抽样、整理调查数据、绘制统计图表等；处理数据，包括计算平均数、中位数、众数、方差等；从数据中提取信息并进行简单的推断；简单随机事件及其发生的概率。

"综合与实践"是一类以问题为载体、以学生自主参与为主的学习活动。目的在于培养学生综合运用有关的知识与方法解决实际问题，培养学生的问题意识、应用意识和创新意识，积累学生的活动经验，提高学生解决现实问题的能力。在学习活动中，学生将综合运用"数与代数""图形与几何""统计与

---

① 赵伟. 陶行知"教学做合一"思想对新时代劳动教育的启示[J]. 东北师大学报(哲学社会科学版). 2021(05)：157-164.

② 周日桥，李伟. 新高考背景下初高中数学衔接教学一体化策略刍议[J]. 中小学教育，2019(7)：77.

概率"等知识和方法解决问题。"综合与实践"的教学活动应当保证每学期至少一次，可以在课堂上完成，也可以课内外相结合。提倡把这种教学形式体现在日常教学活动中。

第五学段的新教材已经做了很好的修订，安排了必修 5 个主题及选修 3 个主题。内容具体如下。

首先，必修课程。

主题一：预备知识。预备知识包括了四个单元的内容：集合，常用逻辑用语，相等关系与不等关系，从函数的观点看一元二次方程和一元二次不等式。

主题二：函数。函数内容包括四个单元：函数的概念与性质，幂函数、指数函数、对数函数，三角函数，函数应用。

主题三：几何与代数。几何与代数内容包括平面向量及其应用、复数、立体几何初步。

主题四：概率与统计。内容包括概率、统计。

主题五：数学建模活动与数学探究活动。这个主题是新增的内容，要求学生以课题的形式来开展。课题研究过程包括选题、开题、做题、结题四个环节，要求学生撰写开题报告、研究报告和报告研究结果。

其次，选择性必修内容。

主题一：函数。内容包括数列，一元函数的导数及其应用。

主题二：几何与代数。内容包括空间向量与立体几何、平面解析几何。

主题三：概率与统计。内容包括计数原理、概率、统计。

基于以上分析，可以按照以下思路展开研究。

(一)问题设计一体化，让教学内容无缝衔接

"问题设计一体化"是以培养问题意识、数学思维、应用能力等为目标开展的教学设计方式。这是站在高学段的视角，思考低学段的教学设计，针对教学内容提炼出一个核心问题，以问题为主线，也以问题为连接点，使新旧知识连接、上下年级衔接得更加紧凑，问题环环相扣，逐层推进，逐层展开。

例如，小学、初中、高中都有的"统计"内容(图 12)，知识既有联系又有不同，难度、能力要求逐年增大，如果小学教师能了解中学教学目标，中学教师能清楚小学、高中教学实际，多采用"问题设计一体化"的设计思路，不仅能减少知识的重复叠加，而且可以达到减负增效的目的，让学生获取更多的亲身体验与感悟。

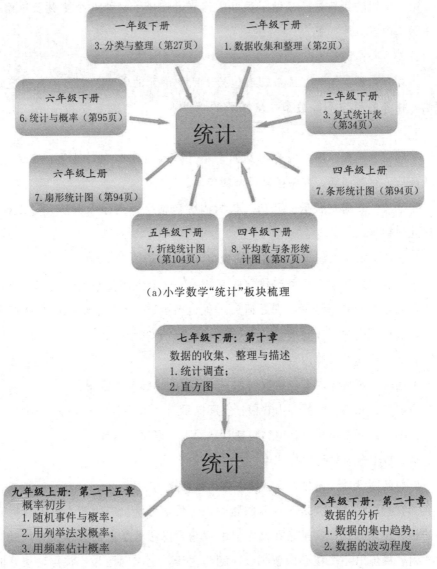

（a）小学数学"统计"板块梳理

（b）初中数学"统计"板块梳理

图12　小、初、高学段"统计"教材内容分布图

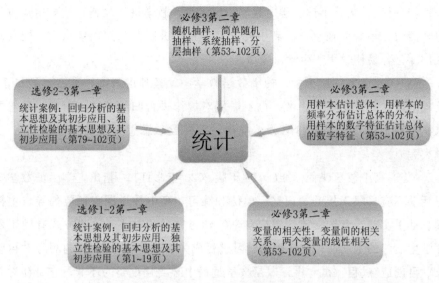

(c)高中数学"统计"板块梳理

图12 小、初、高学段"统计"教材内容分布图(续)

(二)课堂教学一体化,让思维方法无缝衔接

让·皮亚杰的认知发展理论提道:"个体自出生后在适应环境的活动中,对事物的认知及面对问题情境时的思维方式与能力表现,随年龄增长而改变。"①布鲁纳的认知序列学说提道:"学习的迁移就是能够富有成效地把一个人学得的知识应用到新的学习上。"②

1.做好思想教育,建立教学意识衔接一体化

做好思想教育是基础工作,也是首要工作。初中数学知识量小,数学思想的体现不明显,但高中渗透数学学习的关键核心就是数学思想。通过思想教育提高对衔接重要性的认识,增强紧迫感,使学生清楚初高中存在的本质区别。

2.做好分析研究,建立教学方法衔接一体化

(1)研究教材。现行小学、初中教材进行了较大幅度的调整,难度和深度大大降低了,一些高中常用的知识都在高一学习,高中一开始就起点高、难度大、容量多。

---

① 杨帆.中国数学学习心理学发展史研究[J].内蒙古师范大学报.2022(12):253.
② 李慧娆.小学数学"数与代数"深度教学研究[J].湖南师范大学报.2022(07):86.

(2)研究教法。小学、初中数学知识量少，教学进度较慢，结果造成重知识轻能力，重局部轻整体。高中要求高，教学进度快，知识信息广，题目难度加深，容易使学生产生学习障碍。

(3)研究学生。在小学、初中数学教学中，教师讲得细，类型归纳得全，反复练习，不需要独立思考，也不需要对规律进行归纳总结。而高中学习要求学生勤于思考，善于归纳总结规律，掌握数学思想方法，做到举一反三、触类旁通。

《普通高中数学课程标准(2017年版2020年修订)》[①]指出，学生的数学学习活动不应只限于接受、记忆、模仿和练习，高中数学课程还应倡导自主探索、动手实践、合作交流、阅读自学等学习数学的方式。这些方式有助于发挥学生学习的主动性，使学生的学习过程成为在教师引导下的"再思考""再生长""再创造"过程。试卷讲评课是教学过程中必要且重要的环节，它是针对测试后反馈情况通过讲解和评价向学生再反馈的一种课型，是对数学问题的再思考、数学思想的再生长、解题能力的再创造。

例如，在关于"恒过定点"的试卷讲评课中：已知圆 O 的直径 $|AB|=4$，定直线 l 到圆心的距离为4，且直线 $l \perp$ 直线 AB。点 P 是圆 O 上异于 A，B 的任意一点，直线 PA，PB 分别交 l 与 M，N 点。试建立适当的直角坐标系，解决下列问题：

(1)若 $\angle PAB=30°$，求以 MN 为直径的圆方程；

(2)当点 P 变化时，求证：以 MN 为直径的圆必过圆 O 内的一定点。

通常可对此题做大胆猜想，由圆改为椭圆，结论还一样吗？如已知椭圆 $\dfrac{x^2}{25}+\dfrac{y^2}{16}=1$ 的左右顶点为 $A(-5,0)$，$B(5,0)$，点 P 是椭圆上异于 A，B 的任意一点，直线 $l：x=\dfrac{25}{3}$，直线 PA，PB 分别交 l 于 M，N，求证：以 MN 为直径的圆经过椭圆的右焦点。

经过分析，答案是肯定的。是否还可改为双曲线或抛物线？答案也是肯定的，若条件允许，还可再由特殊推广到一般，这样就可形成单元教学一体化，给学生拓展充分思考的空间(答案仍然是肯定的)，让学生深层次领略数

---

① 中华人民共和国教育部.普通高中数学课程标准(2017年版2020年修订)[S].北京：人民教育出版社，2020：83.

学的独特魅力。

(三)教学课型一体化

　　探索中小学数学"三课合一"一体化教学课型范式，推动城乡区域课堂教学的有效转变。

　　"三课合一"以学定教、以研促教、环环相扣，以"前言课"的导定"新授课"的研，以"新授课"的研定"复习课"的拓，"复习课"又与"前言课"相呼应（图13），达到教与学逐层深入、螺旋式上升，让师生在互动中达到学生喜欢、重点突破、素养提升的目的。

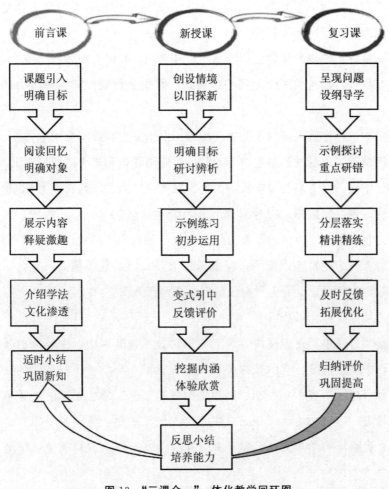

图 13　"三课合一"一体化教学回环图

这样，通过"三课合一"不同课型以及一系列教学探究与变式训练，学生的数学思想方法(如类比、归纳、转化与运动变化思想)可以得到较好的系统训练，让学生对看似简单的问题有了一个较为全面、系统的领悟，对一些讲不清"究竟是怎样想出来的"，往往"只可意会，不可言传"的思路有了较深入的探寻，让一些玄妙的解法在课堂上自然地"生长"出来，体现数学的思维之"美"。

(四)能力培养一体化[①]

《学习罗盘 2030》强调能力的内涵不仅仅是知识和技能的获得，还包括充分利用知识、技能、态度和价值观应对复杂的需求。中小学数学一体化教学具体的能力培养导向如下。

第一学段：注重发展学生的数感、符号意识、几何直观和初步应用能力。

第二学段：注重发展学生的空间观念、数据分析观念、运算能力和应用意识。

第三学段：注重发展学生的推理能力、模型思想和数学应用能力。

第四学段：注重发展学生的"四基"，有应用意识和初步的创新意识。

第五学段：注重培养数学核心素养、发展应用能力及创新能力(图 14)。

综合来讲，即数感、符号意识上升为数学抽象能力；空间观念、几何直观上升为直观想象能力；运算能力随着代数与函数的内容提升，要求更高了；推理能力上升为逻辑推理能力；模型思想上升为数学建模能力，包含了应用意识；数据分析观念上升为数据分析能力及创新意识。

能力培养一体化可从以下几方面着手。

一是要打通小、初、高内容脱节的格局。在教师层面，中小学的教师联系很少，中学不清楚小学的教材内容和课程标准，小学不了解中学的知识结构和培养目标，造成了小、初、高教学明显脱节。在学生层面，小学依靠教师进行学习，以记忆为主，缺乏自主思考。到了中学，需要独立思考、深入钻研，有更科学的学习方法。鉴于此，至少六、七年级教师需要系统地钻研

---

① 周日桥，李新茂. 中小学教学一体化教学的探索与实践[J]. 数学学习与研究，2020(3)：97-98.

中小学教材,加强中小学衔接意识,促进中小学研讨互动,做好中小学衔接教育。

高一至高三年级注重核心素养、应用、创新

七至九年级注重"四基"、应用、创新

小学五至六年级注重推理、应用、模型思想

数学能力

小学一至二年级注重数感、符号、几何直观

小学三至四年级注重空间、分析、运算应用

"三会"
会用数学的眼光观察世界,
会用数学的思维思考世界,
会用数学的语言表达世界。

图 14 数学能力一体化培养示意图

二是要打通小、初、高依赖过度的格局。从心理层面,小学生对家长和教师的依赖性很大,随着年龄的增长,中学是一个身心发展的阶段,表现出自尊有余而自信不足的普遍现象,有较强的求知欲但缺乏独立能力,容易灰心丧气,是典型的幼稚与成熟并存阶段。所以,教师要充分关注学生的成长变化,对不同学段的学生既要尊重,又要加强教育,要加强研究学生的心理变化,逐步减少他们的过分依赖。

三是要打通小、初、高跨度不适的格局。高中是求学阶段的一大转折点,是人生的一个新考验,能适应的则能保持稳步前进,适应不了的可能会从此一退再退。高中教学有容量大、难度大、速度快、要求高,系统性和综合性都很强等特点。虽然高中开设的不少章节与初中差不多，但知识量却要增加若干倍，如立体几何、解析几何、函数等，若跟不上，往往出现"消化不良"或"负债"现象。

四是要打通小、初、高思维障碍的格局。高中生随着知识的增多和学习经验的积累，身心发展日趋成熟，社会交往也越来越频繁，考大学或即将就业的压力越来越大，但社会经历尚浅、知识和经验不足，认识片面化，有强烈的"独立欲望"，角色的矛盾性会使他们产生很大的思想冲击，导致自我同一性分裂，表现出很强的自尊心和叛逆心理，所以，中小学教师要及时做好心理疏导，设计打通学生的行为与心理障碍，为小升初、初升高的衔接做好充分的铺垫与指引。

（五）教学评价一体化①

2020 年 10 月，中共中央、国务院印发了《深化新时代教育评价改革总体方案》②，标志着我国新时代教育评价制度改革已经从局部的改革进入总体改革的新阶段。这也为实施学生综合素质评价指明了方向，综合素质评价包括德、智、体、美、劳等内容，全面地反映中小学生的发展状况。学校要创造条件将综合素质评价与日常管理、教学目标、课程建设、文化活动等实施一体化策略，让教师、同学和家长都发现学生的闪光点。中小学综合素质评价是促进我国基础教育改革的重要环节，完善中小学综合素质评价是保障我国基础教育顺利进行的必然要求。一体化教学采用的"多个维度观测评价"正是突出体现"结果评价、过程评价、增值评价、综合评价具有不同的评价功能和价值，相互之间是交叉整合的关系"。

一是深化分析，加强政策"广度"研究。综合素质评价是实施素质教育的重要体现，在具体实践中，不仅要研究中小学综合素质评价的理论层面，还要深入了解各地中小学政策实施细则、制度措施，如城、乡及偏远地区如何统一实行综合素质评价，评价指标体系是否有城乡地域差异等。

二是整合课程，加强时代"热度"研究。在"互联网＋"的时代，素质教育

---

① 周日桥. 中小学阶段综合素质一体化评价[J]. 新课程研究，2019(06)：15-16.
② 中华人民共和国中央人民政府. 中共中央、国务院印发了《深化新时代教育评价改革总体方案》[EB/OL]. (2020-10-13). http://www.gov.cn/zhengce/2020/10/13/content_5551032.htm.

和课程教学的整合深化离不开信息技术的推动，慕课、微课、翻转课堂等新型课堂教学的兴起就是"互联网＋教育"的体现。学校根据各自的实际情况，可将学生的课程分为基础类、拓展类和研究类；再把每类课程根据实际情况划分为学习表现、学习能力和实践能力三部分；在评价过程中把国家中小学综合素质体系的指标分散到上述三类课程的三部分中去进行评价。

三是转变观念，加强教师"适度"研究。在新高考背景下，要打破观念，转变知易行难的局面，稳妥推进"选课走班"及改革带来的相应变化，要求教师在工作中加强学生素质评价的适度研究，着眼学生核心素养的一体化培养，尤其要做好以下三点：首先要加强过程性评价和结果性评价相结合；其次要加强综合性评价和发展性评价相结合；最后要加强多元化评价与权威性评价相结合。

四是以评促教，加强管理"高度"研究。在教育管理过程中，要充分发挥综合素质评价的一体化导向作用，以评价为契机，促进学生的全面发展。一是将综合素质测评里面的标准作为一定时期内学生的教育目标与发展目标。二是学校要将评价工作纳入学校日常管理并渗透到学校管理的各项工作中，让其成为日常管理的一部分，避免"为了评价而评价""为了完成任务而评价""考试成绩是衡量学生的唯一标准"的错误导向。

五是改进措施，加强方法"深度"研究。首先要加强培训，提升教师的一体化评价水平。"综合素质评价方案的制定者应参与到对各级教育行政人员的培训过程中，以使被培训者能较为准确地掌握综合素质评价的内容和精神。"[①] 其次要完善评价方法的可操作性，促进评价方法的校本化和本土化，要对评价方法的基础理念、产生背景等做详细的了解，针对本土的具体情境和存在的问题加以改进，以使这些外来的方法能够真正地与本土教学融合起来，以发挥这些评价方法的作用。最后利用信息网络技术，构建学生综合素质评价的网络系统或信息平台。

---

① 周香均，罗志敏. 关于研究生综合素质测评的思考[J]. 教育探索，2016(3)：95-99.

(六)教科研训一体化①

调查数据显示：在学科核心素养培育方面，石碁片区有相当一部分教师不重视学生素养(素养能力检测结果为 28.71%)和学习能力(学习能力分析结果为 31.34%)的培养，缺少在教学中渗透学科文化，提升学科核心素养的理念。在常规听课教研方面，数据对比中反映出新教师和青年教师听课学习的量不足，每学期听课在 20～29 节的只有 11.68%，听课在 30～39 节的只有2.99%，部分教师对待学习的态度仍需加强。一线教师和学校领导、中层听课量较少。在教师专业认可方面，研究数据表明，大部分教师是认可科研工作能提升教学质量(占 76.63%)，促进专业发展的(占 79.44%)。但学校是否有为教师的专业发展提供良好的条件呢？接近四分之三的教师认为学校缺乏科研环境和组织机制。基于此，构建五位一体"1＋2＋3"培养模式就显得尤为重要。

"五位一体"是指教学、教研、科研、培训和评价一体化发展，它们的逻辑关系是："教学"是目的，就是要通过"学生喜欢"的教学提高课堂质量；"教研"是手段，就是通过问题驱动实现教学目标的高效达成；"科研"是方法，就是通过学科研究促进教师专业能力的提升；"培训"是路径，就是通过专题培训激发教师内驱力，更好地为教学服务；"评价"是导向，就是通过"多个维度观测"评价教学。也就是说，教学中遇到的问题由教研解决，教研的难点由科研突破，科研的弱项由培训补强，培训的困惑由评价导航，形成"教学—教研—科研—培训—评价"环环相扣、层层推进，实现教师专业素养一体化培育(图 15)。

---

① 周日桥，彭朝晖. 教育均衡视域下教师专业发展一体化实践研究[J]. 中小学学校管理，2019(10)：14-15.

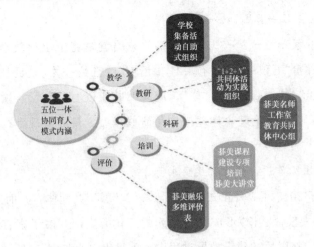

图 15 教师专业素养一体化培育实践图

"1＋2＋3"培养模式中的"1"是指一个目标：以"专业发展"实现"教师幸福"；"2"是指两个保障：培养制度保障和培训资源保障；"3"是指三个融合：课堂教学与评价体系相融合、教学研讨与科学研究相融合、专项培训与专业发展相融合；以"引领教学、提升质量、服务发展"为重点，最大限度地实现片区教师的优质均衡发展(图 16)。其探究路径如下。

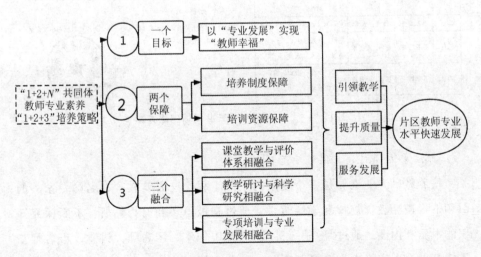

图 16 教师素养"1＋2＋3"培养策略图

1. 构建"五位一体"，统一培养思路

教师专业素养"1＋2＋3"培养策略的思路就是将中小学教学、教研、科研、培训和评价"五位一体"进行一体化培养，"五位一体"立足"学"，以"教"导"学"；注重"研"，以"研"促"学"；统筹"训"，以"训"辅学；增值"评"，以"评"领"学"，以系统论理念构建一体化研修策略，最终实现幸福育人的价值追求。

2. 发挥团队作用，强化常规要求

项目组于 2018 年 3 月正式成立"1＋2＋N"教育共同体，并面向辖区 35 所中小学(含成人教育学校)形成了一系列的工作方案，开展了富有成效的系列活动(图 17)。在以后的建设发展过程中，项目组将逐步把 58 所幼儿园也融入进来，真正致力于"幼—小—初—高"学段教师一体化发展培养。

广州市番禺区石碁教育指导中心

家门口好教育 "1+2+N" 教育共同体工作方案

一、分组

区组	中学	民办学校	公办小学
一区	石碁中学	正华	石碁、前锋、海傍、永善、茂生、韵琴
二区	石碁二中	仲实、天星	东湖洲、沙涌、新桥、茶东
三区	石碁三中	金华、新英才	东怡、罗家、石岗、旧水坑、傍西、傍东、水濂
四区	石碁四中	嘉诚、新君豪	中心、小龙、金山、桥山、文边、凌边

二、主要项目：

（一）开展教研科研（中小学语文、中小学数学、中小学英语等）。

（二）共享课程资源（教学、德育、综合实践、美术、音乐、科学、社团等）。

（三）均衡区域教育（民办与公办、大规模学校与小规模学校、中小衔接等）。

广州市番禺区石碁教育指导中心
2018年3月28日

图 17 "1＋2＋N"教师教育共同体组建方案

3. 注重名师引领，促进示范辐射

培养教师专业素养是一个复杂的系统工程，这需要教师在名师专家等的引领下，遵循教育规律和学科哲学，通过积极思考和努力钻研，不断探究知识的本质和内涵。通过"融乐·碁美"名师工作室、区名师大讲堂、市名师工作室等平台，积极发挥名师的引领、示范和辐射作用，促进片区教学质量提升和年轻教师专业发展。

第四章 中小学数学一体化
教学与教研模式

随着基础教育课程改革的深入推进，育人为本导向的课程实施及核心素养导向的课堂教学成为必然，广大一线教师面临诸多新挑战。课改的关键是改课，探索出基于教研共同体的"学习—实践—评价—反思—改进"一体化教学与教研路径①。本书基于《学习罗盘 2030》中面向未来的教育，创新教学与教研模式，全面深入中小学数学一体化教学与教研实践，为多层级、多角度、立体化开展教师培训提供示范、辐射和引领，推动研究成果及时转化应用。

一、基于"创新是引领发展的第一动力"

2013 年 10 月 21 日，习近平总书记在《欧美同学会成立 100 周年庆祝大会上的讲话》中强调"创新是一个民族进步的灵魂，是一个国家兴旺发达的不竭动力，也是中华民族最深沉的民族禀赋"。2015 年 3 月 5 日，习近平总书记在《参加十二届全国人大三次会议上海代表团审议时的讲话》中指出"创新是引领发展的第一动力。抓创新就是抓发展，谋创新就是谋未来"。2015 年 12 月 18 日，习近平总书记在《中央经济工作会议上的讲话》中强调"要坚持创新驱动，推动产学研结合和技术成果转化，强化对创新的激励和创新成果应用，加大对新动力的扶持，培育良好创新环境"。推动高质量发展，满足人民日益增长的美好生活需要，创新是动力源。从站起来、富起来到强起来，从跟跑、并

---

① 罗滨，陈颖. 一体化教学与教研："深度学习"教学改进的区域实践[J]. 中小学管理，2021（07）：11.

跑到领跑，必须依靠创新，尤其是科技创新。只有创新才能把核心技术牢牢掌握在自己手中，解决"卡脖子"的问题。创新驱动战略作为一项面向未来的重大战略和系统工程，自然需要抓好顶层设计和任务落实，而不是"脚踩西瓜皮，滑到哪儿算哪儿"。

"$1+2+N$"共同体建设正是基于"创新是引领发展的第一动力"的先进理念，通过深化教育改革，推进素质教育，创新教育科研方法，积极推进培育符合创新发展要求的中小学教师队伍，努力形成有利于创新教育科研人才成长的育人环境。

二、基于大湾区课程改革发展需要

2019 年 2 月 18 日，中共中央、国务院印发了《粤港澳大湾区发展规划纲要》①（以下简称《规划纲要》），其中粤港澳大湾区发展的战略定位是"宜居宜业宜游的优质生活圈。坚持以人民为中心的发展思想……加强多元文化交流融合，建设生态安全、环境优美、社会安定、文化繁荣的美丽湾区"。2017 年，广东省与两个特别行政区签订了《深化粤港澳合作推进大湾区建设框架协议》②，才最终确定了粤港澳大湾区的空间概念，即广州市、深圳市、珠海市、佛山市、中山市、东莞市、惠州市、江门市、肇庆市、两个特别行政区，地域概念的确定为其开展地区性教育奠定了基础。粤港澳大湾区是一个区域共同体，有共同的地理空间和历史、文化记忆，对湾区共同体的认同可以有效地增强国家认同。2019 年的《规划纲要》指出："粤港澳大湾区未来要成为具有全球影响力的国际科技创新中心，形成以创新为主要动力和支撑的经济体系，建成全球科技创新高地和新兴产业重要策源地，这对粤港澳大湾区的教育提出了更高要求。"中国社会科学院财经战略研究院与孙中山研究院发布的《四大湾区影响力报告（2018）》显示，粤港澳大湾区的创新基础指标和创新能力指标都排在四大湾区末尾，粤港澳大湾区整体的发展质量和创新水平，与发达国

---

① 中华人民共和国中央人民政府. 中共中央、国务院印发了《粤港澳大湾区发展规划纲要》[EB/OL].（2019-02-18）. http：//www.gov.cn/zhengce/2019-02/18/content_5366593.htm#1.

② 国家发展和改革委员会 广东省人民政府 香港特别行政区政府 澳门特别行政区政府. 深化粤港澳合作推进大湾区建设框架协议[EB/OL].（2017-07-03）. https：//www.sohu.com/a/154723568_671046

家湾区相比还存在一定的差距。

综上所述，面对新时代经济发展的困局，一方面要着力提升粤港澳大湾区的教育科研质量，培养更多高水平人才；另一方面要整合粤港澳大湾区内教育资源，避免彼此之间的日益疏离和不良竞争，实现教育协同创新，打造一流湾区教育。粤港澳大湾区背景下"1＋2＋N"共同体建设正适应大湾区课程改革发展的现实需要。

三、基于片区教育高质量发展现实需要

《广东教育改革发展研究报告（2018）》指出：广东教育整体规模居全国第一，教育现代化已成大局趋势，而要"全面上水平，全国有影响"，石碁片区教育就必须跟上发展步伐，甚至要以更好的格局与质量提升镇域教育发展态势。推进片区"1＋2＋N"共同体教研模式创新现代化发展，是提升片区教师素养的重要一环。

广州市番禺区石碁片区有着悠久的历史文化，教育资源非常丰厚，教育环境相对优越，尊师重教社会风气十分浓厚，整个片区教育实力位居番禺区前列。2004年成为广州市番禺区第二个"广东省教育强镇"，2017年6月以高分通过教育强镇第三轮复评。石碁片区教育（含石碁镇、大龙街中小学、幼儿园，下同）不仅规模大，而且各类教育协调发展，呈现出相对均衡发展态势，在比较发达的珠三角地区有一定的代表性。

就目前情况而言，"1＋2＋N"教育共同体自2018年成立以来，建设发展已初步形成了体系，包括共同目标、工作方案、专项研讨、专业发展、多维评价等。本着"办人民满意的教育"的宗旨，进一步全面落实"立德树人"根本任务，构建"公平而有质量的教育"，助力石碁片区教师专业快速发展，项目组以"粤港澳大湾区背景下'1＋2＋N'教师教育共同体发展研究"为题开展深度研究，并取得中国教科院粤港澳大湾区教育研究中心专项立项，课题研究取得了一系列探索成果，对石碁片区的教育教学质量提升、教师专业发展等方面起到了很好的促进和推动作用。

第一节 一体化教学与教研模式构建

在创新理念引领下的中小学"1＋2＋N"共同体的建立，激发了教师参与课题研究的积极性和创造力，促进了教师思维方式和行动方式的转变。本研究通过对实践经验和研究成果的交流与分享，形成教育科研工作开放、互通、流动的运行态势；通过对课题进行归类管理、分科管理、层级管理以及创设创新理念引领的中小学"1＋2＋N"共同体管理模式等有效策略，为学校教育科研注入新的活力，进而孕育出学习型学校和学习型团体。中小学"1＋2＋N"共同体教研模式的创新实践，符合教育的基本规律和发展的现实需求，适应当前教育形势，有利于学校的长远发展，可以激发全体教师参与课题研究的积极性和创造力，促进教师思维方式和行动方式的转变。

一、"1＋2＋N"共同体教研模式

"1＋2＋N"共同体教研模式以落实"立德树人"为根本任务，以面向"幸福2030"构建"公平而有质量的教育"为奋斗目标，以"1"所公办中学、"2"所民办九年一贯制、"N"所小学及幼儿园为组织架构，以"一体三课六研"提升教师素养为主要内容，在"五位一体"行动研究过程中实现资源共享、合作共赢、优质均衡发展(图18)。

"提高课堂教学质量，注重教研支撑和专家指导，着力强化教学管理和教学研究，完善教学规程，创新教学方法，保证学业质量，努力做到教师应教尽教，促进学生学足学好。"[1]"1＋2＋N"共同体教研模式正是基于以上教学思路及质量要求，盘活教师专业发展的潜在资源，最大限度地促进学区化教育优质均衡良性发展。

---

[1] 吕玉刚. 做优做强学校教育，全面提高落实"双减"工作水平[J]. 人民教育，2021(24)：12-14.

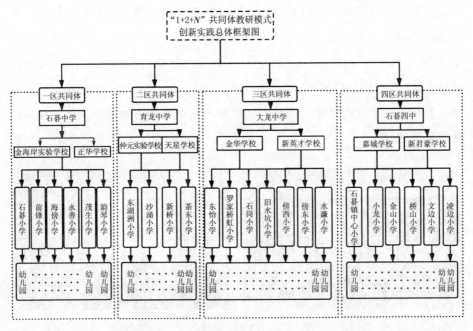

图18　"1+2+N"共同体教研模式组织架构

"1+2+N"共同体的第一层含义：把石碁教育指导中心辖区内的35所义务教育阶段的中小学和58所幼儿园分成4个小片区，其中每个小片区由"1"所公办中学、"2"所民办九年一贯制、"N"所小学及幼儿园组成，在小片区内开展教研、科研，共享课程资源，促进区域教育资源的均衡优质发展。

"1+2+N"共同体的第二层含义："1"个教育理念（"碁道育人"）、"2"个教育团队（教师和学生）、"N"种教育方法或策略，也就是以一种学区化落地的教育理念去统领镇域教育发展，实现"学生喜欢""家长满意""教师幸福"和"学校发展"的价值追求。

"1+2+N"共同体的第三层含义："1"是要实现一个目标（家门口好教育），"2"是要抓好两个工程（质量提升和文化建设），"N"是要通过"N"条线、"N"个面形成上下联动、横纵贯通、多力并举，在教学、教研中通过"五育并举""五育四评""多维观测"等方式促进教学质量提升和学科文化建设，最终实现"家门口好教育"目标。

"1+2+N"共同体教研主要聚焦课堂教学，通过自主申请与片区统筹相结合、分科教研与集中汇报相结合、常规教研与课题科研相结合等方式，创新教研机制、评价方式。从 2018 年 3 月实施起至 2021 年 12 月，石碁片区中小学以"1+2+N"为平台，探索"融乐·碁美"课堂范式，举行了 400 多节教研公开课、170 多场微讲座，为落实"双减"政策、中小衔接、促进区域公民办学校教学交流、大规模资源共享、教师专业发展和教学高质量发展，提供了重要平台(图 19)。

（a）

（b）

（c）　　　　　　　　　　　　　　　　　（d）

图 19　开展"1+2+N"共同体教研活动

二、研究价值

(一)应用价值

基于粤港澳大湾区发展大背景及城乡教育优质均衡发展，中小学"1+2+N"共同体教研模式创新实践探索，打造石碁片区中小学混合研修团队，通过"教学—教研—科研—培训—评价"五位一体化研修方式，以"学生喜欢"的课堂教学达到"教师幸福"为发展目标，探索适合不同层次学生水平的"三课合一"课堂教学范式，助力薄弱学校教育教学质量的快速提高，促进中小学数学研修共同体的建构和优质资源的开发与利用。

(二)学术价值

1. 适应新课程新课标改革发展要求

教育是为未来服务的，"1+2+N"共同体教研模式创新实践思路正是基于与未来教育教改对标，在培养学生学会成为"系统思考者"之前，教师必须要学会成为"系统思考者"。这正好契合新课程方案中"遵循学生身心发展规律，加强一体化设置，促进学段衔接，提升课程科学性和系统性"[①]的课程改革要求。学生以前的知识、学习经历和性情、家庭环境都不同，因此教师引导学生实现福祉的学习路径和速度都将不同。

2. 落实选才育人一体化系统化要求

"1+2+N"共同体创新实践基于《中国高考评价体系》[②]中学科素养指标体系，深化中小学课堂教学改革，促进区域教育"优质·均衡·特色"发展。

"1+2+N"共同体创新实践从系统论、哲学角度分析石碁片区中小学教研低效化缘由，引导教师理性掌握"一体三课六研"创新实践定位、刚性把握"一体三课六研"创新实践重难点，将国家和高校的选才需求与素质教育育人目标有机连通，实现"招—考—教—学"全流程各个环节无缝衔接、良性互动。通过"一体三课六研"创新实践，引导学生掌握结构化知识，提升教师教学的整体规划意识，增强教学效能。通过"一体三课六研"创新实践，打造石碁片区中小学混合研修团队，促进中小学研修共同体的建构和优质资源的开发与利用，推动片区中小学教师聚焦课堂，通过"幸福育人"实现教师专业快速发展。

三、"融乐·碁美"课堂范式探索

1. 概念界定

"融乐·碁美"课堂范式是指基于"双减"政策，在"研学后教"升级版"融·

---

① 中华人民共和国教育部. 义务教育课程方案(2022 版)[M]. 北京：北京师范大学出版社，2022：2.

② 教育部考试中心. 中国高考评价体系[EB/OL]. (2020-01-17). https：//gaokao. chsi. com. cn/gkxx/zc/moe/202001/20200107/1867542310. html.

乐"课堂理念下，教师依据数学课程标准、教育规律融通有关教学技术，运用弈"碁"之道去激发学生的数学学科思维，让学生在"教—学—评"一体化课堂体验中领悟学习之美、数学之美的一种教学范式。

2. 理念与特征

"融乐·碁美"课堂以"研学后教，以学定教，能学不教"为基本原则，以"谋划中实现双赢，变化中寻求突破，互动中成就你我"为实践目标，以改进课堂"多个维度观测"为评价导向，积极实现"素养导向""学生喜欢""教师发展"的探究式课堂。

"融乐·碁美"课堂实践突出"有效、智慧、美好"三大特征：一是保证课堂有效。加强以促进学生发展为目标，以解决学习问题为根本的集体备课，不上无准备的课。优化课堂教学的基本要素和基本环节，提升课堂教学有效性。二是让课堂充满智慧。把"三融"(融合五育、融通技术、融汇四评)"六乐"(乐导、乐学、乐教、乐研、乐评、乐创)作为教学的抓手和落脚点，通过对知识的主动转化、批判质疑、合作探究和创造性应用，使课堂成为智慧生成的场域。三是追求课堂学习美。建构课堂审美文化，追求课堂的时代思想美、课程学科美。让学生在课堂中感悟乐趣、体验成功，使课堂真正成为令人愉快、心向往之的乐园。

3. 主要模块

课堂是育人的主要阵地，如果教师能搭建好学习支架，课堂可以做到70%或以上的时间还给学生，70%或以上的内容学生可以自主解决，70%或以上的学生能够高质量学习……。结合区域"上品教化"和镇域"碁道育人"理念的"融乐·碁美"一体化教学实践，依据系统论思想，课堂设计采取"三课合一"策略，以"前言课"的导定"新授课"的研，以"新授课"的研定"复习课"的拓，自成一体，环环相扣。

"数学一体化教学"课堂主要包括乐导、乐学、乐教、乐研、乐评、乐创六个环节。"乐导"：问题驱动；"乐学"：自主探究；"乐教"：有效引导；"乐研"：小组合作；"乐评"：当堂互评；"乐创"：思维拓展。帮助学生在课堂中发现美、感受美、欣赏美、领悟美、表达美、创造美，并以此促进学科思维、核心素养和关键能力一体化发展，实现"各美其美，美美与共"的"三融六乐六美"课堂教学新样态(图 20)。

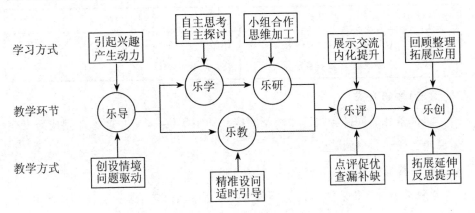

图 20　一体化教学"六乐六美"课堂教学新样态

四、"头雁领航"驱动教学质量提升

为进一步优化"1＋2＋N"教育共同体教研机制,聚焦"融乐·碁美"课堂范式的探索,加强集体备课,提升教研实效,发挥优质学校的"头雁效应",在"1＋2＋N"共同体内分区实施"头雁学校"管理。

(一)小学组"头雁学校"安排

小学组"头雁学校"如表 1 所示。

表 1　小学组"头雁学校"

	一区	二区	三区	四区
头雁学校	前锋小学	东湖洲小学	东怡小学	中心小学
群雁学校	石碁小学、海傍小学、永善小学、茂生小学、韵琴小学、正华学校	沙涌小学、新桥小学、茶东小学、金海岸学校、天星学校	罗家小学、石岗小学、旧水坑小学、傍西小学、傍东小学、水濂小学、新英才学校、金华学校	小龙小学、金山小学、桥山小学、文边小学、凌边小学、嘉诚学校、新君豪学校

(二)初中组"头雁学校"安排

初中组"头雁学校"如表 2 所示。

表 2　初中组"头雁学校"

头雁学校	石碁四中	大龙中学
群雁学校	石碁中学、正华学校、嘉诚学校、新君豪学校	育龙中学、金海岸学校、天星学校、金华学校、新英才学校

(三)教研方式

集体备课、同课异构、中小学衔接、幼小衔接(同一主题、课型或单元整体模块的研讨)、微讲座等。

(四)教研主题

"融乐·碁美"课堂范式下学习方式、小组合作、作业设计、技术融合、多维课堂评价等。

(五)"头雁学校"主要工作

(1)依据学期初"1+2+N"教研申报情况,牵头组织和安排小片区内学校的"1+2+N"教研活动,每学期四次教研活动。

(2)"集体备课"以某一个年段某一单元(或大单元)为切入点,对课程标准、教材、课时安排、作业设计、资源利用、复习备考等进行研读、分析、探讨,要求该年段学科教师全员参加。

(3)同课异构、衔接教学。在正式公开课教研前,需至少有一次在"头雁学校"牵头组织骨干教师(可以是"头雁学校"的骨干教师,也可以是小片区内学校的骨干教师)指导下的备课研讨(小片区教研年段学科教师全员参加)。

(4)微讲座发言人须至少主持过市区课题(已结题或在研)、论文公开发表、是市区名教师(主持人)或骨干教师等。

(5)每次专项研讨活动结束后,组织做好活动简报(图文并茂)、成果提炼(案例完善、论文写作或课题研究)等后续研讨交流工作。

(6)在教研活动中,"头雁学校"可调配小片区各学校骨干教师参与共同指导教研活动开展。

五、"1+2+N"共同体培训体系

1. "碁美大讲堂"成新品牌

"碁美大讲堂"从 2020 年 12 月举办第一期,开展"思维可视化工具的绘制与学科应用""教研写作漫谈""教师的读书与专业化发展""双减背景下高质量语文课堂建构"等12场专题交流，深受一线教师欢迎，其影响力不断扩大。

2. 专项培训促新成长

每年组织"融乐·碁美"课程建设和"1+2+N"共同体专项培训班，围绕"双减"背景下的课堂模式改革、"五项管理"的落实以及"双减"背景下的应对策略、"共同体"课程建设、探索新时代教育评价体系、新常态、新思考——教科研模式创新等组织系列培训。

3. 交流对话建新样态

定期与中山市、佛山市学校举办"同课异构""专题讲座""提升教研能力，完善科组建设"等教研活动，提升学区内骨干教师专业素养，提升学科领导力，建构教研新样态（图21）。

（a）　　　　　　　　　　　（b）

（c）　　　　　　　　　　　（d）

图21　"1+2+N"共同体的教师培训

六、"1＋2＋N"共同体保障机制

1. 组织保障

"1＋2＋N"共同体有明确的职责与分工,小规模学校定期交流教学工作开展情况和经验做法。建立健全学区教研制度与流程,确保学区化办学各项工作的有效开展。各校把"1＋2＋N"和学校的教研工作紧密结合,形成完整的"三级"教研体系。

2. 经费保障

指导中心成立常态化培训机制,每年争取一定的专项资金支持,组织"1＋2＋N"共同体的中心组成员外出进行专题式任务式系列培训。

3. 制度保障

成立"碁美大讲堂""碁美名师工作室"等,促进"1＋2＋N"共同体实现系统性、持续性发展,成为学区化办学质量和活力的重要保障。

七、已取得的阶段性成效

1. 促进小规模学校的发展

到目前还有6所学校属于一级一班规模的"麻雀学校",小规模学校"教师结构性缺编问题"比较突出。为了解决这个问题,我们采取了"1＋2＋N"教研共同体、小规模学校德育联盟、"1＋N"工会活动模式,尝试体育艺术专职教师走教等改革,引进华南师范大学音乐学院支教活动,全力帮扶小规模学校优质发展,促使小规模学校迈向"家门口好教育"的奋斗目标。2020年,6所小规模学校中有5所获奖,获奖率为83.33％,成绩令人欣慰。

2. 促进教师专业发展

参加2021第二届广州市中小学青年教师教学能力大赛,共16位教师获奖,一等奖3名、二等奖5名、三等奖8名。其中大龙中学成绩显著,有6名教师获奖(一、二等奖各1名,三等奖4名)。在"基础教育精品课"评选中,获省级奖8节、市级奖9节、区级奖14节。

3. 促进区域教育优质发展

通过学区化办学,统一发展理念,让学校与学校、校长与校长、教师与

教师、学生与学生建立起密切的联系，形成优质教育资源在学区内共享的新格局。在"碁道育人"理念的引领下，以"1＋2＋N"教育共同体为依托，石碁教育指导中心先后出版了《"碁美"课堂教学理论与实践》《中小学数学一体化教学》《"碁美"课堂实践：数学学科一体化探索》等五本著作。2021年教学成果"基于'幸福2030'的中小学数学一体化教学实践"获广东省教育评估协会优秀成果奖一等奖。石碁教育指导中心主任彭朝晖在第二届广东镇域教育品牌论坛上做"'碁道育人'的镇域教育发展模式"发言；副主任周日桥在"广东教育学会2020年度学术讨论会暨第十六届广东省中小学校长论坛"现场会上做经验分享。2021年，"碁道育人：办家门口好教育的研究与实践"成果获广州市教学成果奖；"粤港澳大湾区背景下'1＋2＋N'教师教育共同体发展研究"获中国教科院粤港澳大湾区教育研究中心专项研究课题立项。如图22所示。

图22　"1＋2＋N"教师教育共同体发展研究部分成果

（e）

中国教科院粤港澳大湾区教育研究中心

立 项 通 知 书

周日桥 同志：

经专家评审，您申报的课题《粤港澳大湾区背景下"1+2+N"教师教育共同体发展研究》批准立项为粤港澳大湾区教育发展研究专项课题一般项目，课题编号：GBAJY-YB202001。

根据《广州市教育研究院科研课题管理办法》，请您在课题立项三个月内完成开题，并按照研究计划推进研究工作。开题及其它相关表格请至广州市教育研究院官方网站（http://www2.guangztr.edu.cn/）通知公告栏下载。

做好课题管理和研究工作，与课题有关的重要活动、重要变更及成果等，及时向报秘书处。

秘书处联系电话：020-83636790

邮箱：gbajiaoyu@126.com

中国教科院粤港澳大湾区教育研究中心

（广州市教育研究院付章）

2021 年 7 月 15 日

（f）

图 22　"1+2+N"教师教育共同体发展研究部分成果（续）

第二节　"一体三课六研"创新实践

"1+2+N"共同体以名教师工作室为主要依托、课题研究为重要方式、教学研讨为主要内容，在上级教育部门的领导下，自主开展系列教研教改和培养学科优秀教师的工作（图 23）。

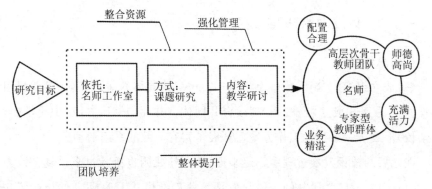

图23　"1＋2＋N"共同体名教师培养创新实践图

中小学"1＋2＋N"共同体名教师培养创新实践关键在于做好以下"五个一"。

一是带好一支团队。通过"1＋2＋N"共同体培养计划实施，有效推动培养对象的专业成长，力求在一个课题研究周期内使共同体成员在师德规范上出样板、课堂教学上出精品、课题研究上出成果、管理岗位上出经验，实现共同体成员的专业成长和专业化发展，以引领学科教学共同发展。

二是抓好一个项目。在实践中总结教育教学经验，瞄准新课程实施和教学改革前沿，探寻"1＋2＋N"共同体教研教改的新思路、新方法，并确定一项具有实用价值的科研课题，并以此为研究方向，在实践探索中破解学科教学难题，带领本共同体同仁开展有效的科研活动。

三是做好一次展示。引领中小学学科建设，承担区级以上教育展示活动，以研讨会、名师论坛、公开教学、现场指导和送教到校等形式，有目的、有计划、有步骤地传播先进的教育理念和教学方法。

四是出好一批成果。"1＋2＋N"共同体教育教学、教科研、管理等成果以精品课堂教学实录、个案集（含教学设计、课件、教学评析）、论文、课题报告、专著等形式向外输出。

五是带动一片提升。"1＋2＋N"共同体帮助石碁片区教师解决教与学过程中遇到的问题，充分发挥名师的带头、示范、辐射作用，从而形成名优群体效应，实现优质教育资源的共享。

一、"一体三课六研"实践探索

(一)总体框架

(1)成立组织。"新时代中小学'1+2+N'共同体教研创新研究"项目组于 2018 年 3 月正式成立"1+2+N"教育共同体,并面向辖区 35 所中小学(含社区学校)形成了一系列的工作方案,开展了富有成效的系列活动。

在之后的建设发展过程中,逐步把 58 所幼儿园也融入过来,真正致力于"幼—小—初—高"学段教师一体化发展培养创新模式,形成"1+2+N"共同体教研组织架构。

"1+2+N"共同体建设目标是重点突破小规模学校优质均衡发展,力争达到优质资源共享,大小规模捆绑发展,优质学校捆绑评价,促使小规模学校达成校校有质量,校校有亮点,老百姓都满意。

(2)引领教学。"1+2+N"共同体成员应不断提升自身专业素质,成为学习型人才,以教育教学为中心,开展专题研究,引领学科发展。共同体不断开展教学研究活动,使全体成员更新教育教学观念,提高教育教学水平。通过"1+2+N"共同体创新实践,打造一支具有新时代教研员素养(图 24)的教师研修团队,更好地引领石碁片区的教学教研工作。

(3)课题研究。以名教师的教育教学特色和研究专长为基础,以共同体全体成员的共同智慧为依托,对教育教学工作进行课题式研究。"1+2+N"共同体将在一个工作周期内开展一项市级以上课题研究工作,并以论文、研究会、报告会、公开教学、专题讲座、现场指导等形式向外辐射、示范,形成研究过程资料汇编。

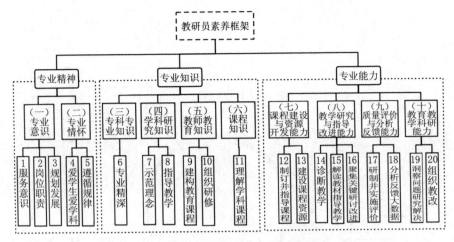

图24 "1＋2＋N"共同体教研员素养培育框架图

（4）教师培养。采用导师制度，"1＋2＋N"共同体中心组负责人及成员作为学员、其他教师的导师，双方结对子，培养学科名教师。共同体要同每个成员签订中青年教师培养责任书，确定双方的权利和义务、培养目标、培养方法和途径，努力培养一批理论水平高、教学业务精、创新能力强的研究型教师（图25）。

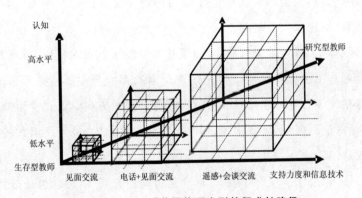

图25 "1＋2＋N"共同体研究型教师成长路径

（二）基本内容

"新时代中小学'1＋2＋N'共同体教研创新研究"的基本内容是"一体三课六研"项目建设（图26）。

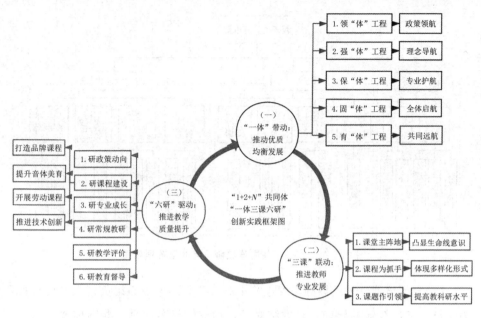

图 26　"1＋2＋N"共同体"一体三课六研"创新实践框架

1. "一体"带动：推动教育优质均衡发展

为进一步适应新高考、新中考政策改革，"1＋2＋N"共同体以"五个工程"为抓手，继续完善和深化理论体系的构建和实践路径的探索，为实现"家门口好教育"奠定坚实的基础。

（1）领"体"工程：政策领航。"政策是教育发展的风向标"，教育教学中要认真领会习总书记教育思想重要论述，全国教育大会主要精神和新中考、新高考改革精神，教学一定要对标新时代教育发展的方向。认真领悟办"家门口好教育"是对番禺区"上品教化"的个性化实践，更是"办好人民满意的教育"的本土化表达。

（2）强"体"工程：理念导航。"理念是行动的先导"，理念也是教育优质均衡发展的导航。结合新政策，进一步强化"研学后教"3.0升级版、"'綦美'课堂"理念在集体备课、课堂教学、质量评价、课程建设等常规管理中的贯彻和执行，把落实理念作为教学改革的先导，并通过课题驱动、示范引领、对口帮扶等策略促进片区教育优质均衡发展。

（3）保"体"工程：专业护航。"打铁更须自身硬"，专业发展是提升教学质量、实现教师幸福的关键力量。通过举办一系列的"碁美"大讲堂，促进教师学习政策、更新观念、建构理论、开拓视野。深化"碁美"课堂名师工作和"1＋2＋N"共同体中心组学科建设，为片区教育优质均衡发展提供平台保障。

（4）固"体"工程：全体启航。"求木之长者，必固其根本"，抱团发展是实现"一个都不能少"的有力举措，更能体现教育的使命与担当。"1＋2＋N"共同体以大带小、以强扶弱，完善六所小规模学校联盟的校长轮值制度。强化"青蓝工程"，实施教学师徒结对、互学共进、薪火相传，增强师徒的使命感和责任感。

（5）育"体"工程：共同远航。通过"1＋2＋N"共同体建设，实现城乡一体化发展，引导教师"追寻教育的诗和远方"。深化基础教育综合改革，继续推进和完善城乡教育一体化教学布局，加强乡村小规模学校建设，推动幼小初高有效衔接，培育片区教育发展的新成果。

2."三课"联动：推进教师专业发展

（1）以课堂为教学阵地，凸显生命线意识。"碁美"课堂建设着重培养三类教师：一是愿意"做靶子"的上课教师；二是支持"做陪练"的观摩教师；三是乐于"做指导"的专家型名师。有了这三类人，才能构成教师共同成长的精彩画面：个人实践反思、同伴互助、专家引领。让教师从一节课的研究迁移到一类课，磨一人带一群，研一课通一类。通过课堂研究，充分发挥学校中心的主阵地作用，教师的课上好了，教师专业发展了，教学质量自然就水涨船高了。

（2）以课程建设为抓手，体现多样化形式。认真领会、用好《习近平新时代中国特色社会主义思想学生读本》《义务教育课程方案》和各学科课程标准修订版。结合新政策考试方式中的"合考不合卷""上机考试＋现场操作"考试等变化，课程教学要整合优质资源，通过课程建设分享会，深化中小学生音体美、校园艺术、非遗传承、STEM① 教育等课程建设，丰富"碁美"课程内涵。

（3）以课题研究为引领，提高教科研水平。有研究者认为年轻教师要磨课堂、骨干教师要磨课程、名教师要磨课题。课题是教师专业发展的关键环节

———
① 包括科学（science）、技术（technology）、工程（engineering）及数学（math）。

和必经阶段。通过课题带动新中考政策的落实，是对新政策不折不扣、全面执行的有力保障。例如，通过完成省重点规划课题"'碁道育人'理念推进区域教育优质均衡发展研究"的子课题及总课题的结题任务，开展课题研究的理论学习和专项培训，积极准备并鼓励教研员参与省、市、区等各级各类教育科研课题的申报工作，为教师专业发展搭建平台。

3."六研"驱动：推进教学质量提升

(1)研政策动向。教师要坚持用创新理论武装头脑、指导教育教学实践，要深入研究《关于深化教育教学改革全面提高义务教育质量的意见》《中国教育现代化 2035》《关于进一步激发中小学办学活力的若干意见》《关于全面加强和改进新时代学校体育工作的意见》《关于全面加强和改进新时代学校美育工作的意见》《大中小学劳动教育指导纲要（试行）》《关于加强中小学生手机管理工作的通知》《关于大力推进幼儿园与小学科学衔接的指导意见》等政策文件精神，准确把握政策走向，增强政治能力。

(2)研课程建设。一是打造适合体育发展的品牌课程。切实要求各学校按照教育部"五项管理"要求，开足开齐体育课，合理安排教学内容，精心设计教学环节。确保阳光体育活动的进行，保障学生每天一小时的体育锻炼时间。二是全面提升艺术教育的课程质量。严格落实义务教育课程方案，开齐开足国家规定的各门课程，关注从"分数至上"转向"全面育人"。教学中不能压缩音乐、美术等艺术课程的课时，开足、开全、开好艺术课程，全面提升学校艺术课堂教学质量和特色课程建设质量，让每一位孩子都能接受专业教师的艺术教育，全面促进教育公平。三是扎实开展劳动教育的校本课程。落实省、市有关文件精神以及《番禺区中小学劳动教育实施工作指导细则》，重点加强校内小农田劳动基地建设，因地制宜，突出特色，实现劳动教育的必修课、学科渗透等常态实施，并注重成果的积累和经验的提炼。四是大力推进教育信息化创新发展。提升智慧教育水平，以优化课堂教学为切入点，提高教学质量，培养具有创新精神和实践能力的人才，全面提高学生的信息技术素养。

(3)研专业成长。理性、深入处理好学生"全面发展"与教师"专业成长"的辩证关系，只有教师更专业化了，才能更大力度地促进学生"全面发展"。教师专业成长的有效路径是要重点打造"三师"队伍建设，即名教师、骨干教师、胜任教师这三类教师的快速成长。一是要突出名教师的"三力"：吸引力、研究力、辐射力的引领、示范和带动作用。二是要突出骨干教师所具有的熟悉课程标准、全面掌握知识体系、能胜任各类公开课的引导、帮扶和推动作用。三是要突出胜任教师所具备的熟悉考试大纲、掌握教材重难点、能上好每一堂课的互助、探索和自主作用。研究教师专业发展的成长规律，积极搭建教师交流、互助平台，让胜任教师有奔头、骨干教师有盼头、名教师有想头。

（4）研常规教研。一是抓好"三级"教研常规：校—公民办分区—片区（镇街）三级教研制度。二是抓好课堂调研常规：要有针对性地开展初中、高中毕业班备考专项及非毕业班的常规调研，注重课堂教学质量。三是抓好作业管理常规：学校要制定作业管理办法（有效做到减负增效），提高作业设计质量，加强学科组、年级组作业统筹，严格按照规定控制作业总量，不得要求家长代做或批改作业。四是抓好融合教研常规：关注特殊儿童、学困生的课堂表现，用好资源教室，进一步提升特殊教育发展水平，完善教育保障机制，促进教育优质均衡特色发展。

（5）研教学评价。结合片区"1＋2＋N"共同体发展实际，以《深化新时代教育评价改革总体方案》①为教育评价纲领，积极用好综合素质评价实施指南、义务教育质量评价指南、幼儿园保教质量评估指南、普通高中办学质量评价指南等政策文件。研读中国高考评价体系、初中命题意见、多个维度观测评价、办学绩效评比方案、毕业班评比方案等文件精神，进一步完善具有片区教学特色的"碁美"课堂"多个维度观测"评价体系。

（6）研教育督导。在教育教学过程中，应以《关于深化新时代教育督导体制机制改革的意见》②为教学督导评价导向，加强对各级各类幼儿园、中小学办学行为、教育质量和教育热点难点的监测，落实"以督促建、以督促改、以督促教、以督促研"的学校后续发展提升工作。加强对教学质量检测、各类评估、招生、办学绩效和综合素质评价等工作的监督和指导。落实"公民同招"

---

① 中华人民共和国中央人民政府. 中共中央、国务院印发了《深化新时代教育评价改革总体方案》[EB/OL]. (2020-10-13). http://www.gov.cn/zhengce/2020-10/13/content_5551032.htm.

② 中华人民共和国中央人民政府. 中共中央办公厅 国务院办公厅印发《关于深化新时代教育督导体制机制改革的意见》[EB/OL]. (2020-02-19). http://www.gov.cn/zhengce/2020-02/19/content_5480977.htm.

和免试入学政策，持续常态化开展控辍保学工作，确保学生"劝得回、留得住、学得好"，深入推进乡村温馨校园建设。

二、研究假设和创新点

(一)研究假设

1. 研究重点

中小学教学、教研、科研和培训的低效、迷茫甚至是无效，是制约中小学改革发展的难题之一。如何立足中小学日常教学工作，提高教研、科研和培训的实效性，并有效促进教师群体的专业发展，是当前中小学改革发展的关键。

当前的中小学教研普遍关注宏观理念的学习和讨论，但理论与实践严重脱节；注重通识教研，但尚未根植于学科课程教学；教研形式单一，理论"说教"唱主角；针对性不强，尚未关注受训教师的教学实际；活动内容仅满足于计划、进度上的"上传下达"，缺乏研讨的主题；缺乏精心谋划，而应急性的教研很难保证效果。如何通过"一体三课六研"开展"$1+2+N$"共同体教研的创新实践，提升教师队伍教研水平是本课题研究的重点。

2. 研究难点

中小学教学、教研、科研和培训的难题首先表现为教学、教研、科研和培训的主题不明确、随意性强，无法满足教师的实际需要；其次表现为教师培训与日常教研的割裂，注重形式而缺乏实效性；最后表现为注重教师(尤其是优秀教师)个体的专业成长，缺乏教师群体的共同发展，发展共同体与中小学日常活动尚未建立密切关联。

(二)研究创新点

习近平总书记在党的十九大报告中提出："推动城乡义务教育一体化发展……努力让每个孩子都能享有公平而有质量的教育。"2018年全国教育大会上，习近平总书记再次强调："坚持教育公平，推动教育从规模增长向质量提升转变，促进区域城乡和各级各类教育均衡发展，以教育现代化支撑国家现代化。"推动城乡义务教育一体化发展，成为新时代摆在各级党委政府面前的一项重大课题。以深化学区制改革为抓手，以"每所都是好学校，处处都是好学区"为目标,打造城乡学校与城区学校在教师队伍、设备设施、教育经费、绩效工资等方面统一有效调配的"1＋2＋N"共同体,有利于推动城乡义务教育一体化发展。

本研究较系统地梳理了指向"幸福2030"、新时代教育面临的挑战,从阐释新时代教师人才培养路径出发,认为指向未来教育的"幸福2030"、新时代背景下的教育创新应重新认识和落实国家教育权,提高教师人才培养规格与人才培养质量,强化教育创新驱动发展,培养新时代教育教学人才。因此,本研究旨在将国家教育理想和育人目标片区本土化,实现核心素养、关键能力的培养与片区教育理念体系无缝对接,形成丰富的理念内涵与外延,在此过程中构建具有辐射作用的"1＋2＋N"共同体创新实践模型,总结出具有推广效益的"1＋2＋N"共同体实践应用案例,促进片区教育优质均衡发展。

(1)研究思维创新。以"1＋2＋N"共同体创新实践作为抓手,由此而进行的系列实践与深化,容易形成整体战斗力,研究思维先进,前瞻性强。借助海尔公司的组织管理变革的先进经验,突出"倒三角"组织结构特点,实现"两个零距离",充分发挥"三级教研员"的主体性,建立"1＋2＋N"共同体教研团队,按需设立研究主题,建立问题主题化、主题课题化的研究思路,组建研究团队,让教研员做自己的"CEO"(这里指教研首席执行官),突出"1＋2＋N"共同体"倒三角"创新思维路径(图27),让教研员有真本事。

(2)操作策略创新。整个研究放在石碁片区(一镇一街)一个角度,切入口小,比区域、县域更可控,可以较好地完成有关研究内容,操作性强。中小学"1＋2＋N"共同体学科中心组是发展共同体的中坚力量,是共同体成员做好教育教学研究最直接的组织者、管理者、指导者和示范者,关键体现在带领共同体教师创造性地学习与研究,助力"教学—教研—科研—培训—评价"一体化提升,促进"1＋2＋N"共同体发展的基础上带动学校教育教学优质均衡发展(图28)。

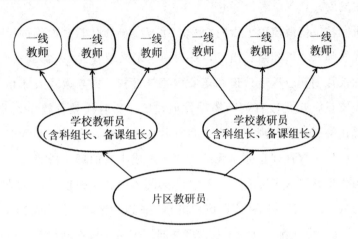

图 27 "1＋2＋N"共同体"倒三角"创新思维路径

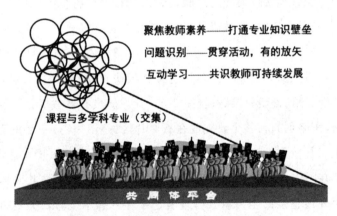

图 28 "1＋2＋N"共同体教研交流平台

(3)成果价值创新。石碁片区多为乡镇农村，与城区相比，中小学无论是师资还是生源，无论是经费还是校舍都存在一定劣势。立足于这种背景进行"1＋2＋N"共同体教师教育发展研究，一旦研究取得突破，其研究成果的价值就不止于一个石碁片区(一镇一街)了，教师教育共同时空发展模型(图 29)的示范性、辐射性是极强的，参考价值也是很大的。

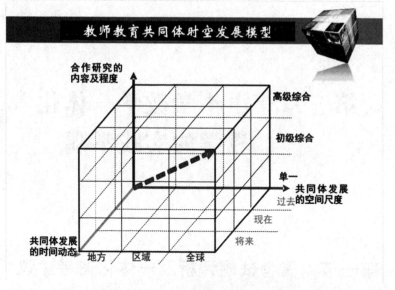

图 29　"1+2+N"共同体时空发展模式

第五章　中小学数学一体化教学的实践举隅

第一节　高考试题评析及一体化备考建议

对2018年高考数学全国卷Ⅰ的认知分析和单元一体化教学建议①

周日桥

【摘要】当今的数学教育趋势就是以理解、以问题解决、以数学探究为价值取向。因此，教学上一定要以系统论为依据，注重整体构建的设计理念，从提升数学核心素养出发，对相关内容进行统筹重组，优化为一个个相对独立的大单元，由点到线、由线到面剖析相关问题的通性通法，以突出数学内容的主线以及知识关联的一体化，主动适应新高考改革的新挑战。

【关键词】认知分析；单元一体化；核心素养；数学文化

【基金项目】本文系广州市教育科学"十三五"规划2018年度立项课题"构建培养中小学数学核心素养的一体化策略研究——以石碁片区单元教学为例"

---

① 本文发表在全国中文核心期刊《中学数学教学参考》2019年第9期。

（课题编号：201811751）的阶段性研究成果。

从 2016 年开始，广东、湖南、湖北、福建、江西等统一使用了全国 Ⅰ 卷。那么，2018 年有哪些新的变化？着重考查了什么？如何应对复习备考？本文拟在整体思维指导下，从提升核心素养的角度出发，通过对高考内容优化为一个个相对独立的大单元教学，在突出教学主线以及知识关联一体化等方面提一些建议。

一、高考试题的认知分析

2018 年考卷依纲靠本，遵循了全国卷命题风格，体现了对核心素养的考查，以最熟悉的问题背景出现，结构稳中求变，编制科学规范、难易比例适当，关注创新意识，渗透数学文化。

(一)注重基础知识，考查关键能力

从小题对比来看：

2017 年：集合(交并)；统计；复数；几何概型；双曲线；立体几何平行证明；线性规划；超越函数图像；函数的对称单调性；程序框图；三角函数与解三角；圆锥曲线最值问题；向量运算；导数中的切线问题；三角函数的运算；解三角。

2018 年：集合；复数；统计；椭圆方程与离心率；圆柱表面积；函数性质与导数；向量运算；三角函数；三视图侧面展开图；线面角与几何体体积；三角函数概念与公式；分段函数，对数函数；线性规划；直线与圆；解三角。

通过分析：基础性与中档题大概各占 40%，试题给人的感觉是适应新时代的能力要求，重视学科主干知识，加强对基本概念、基本思想方法和关键能力的考查。

(二)注重思维训练，考查创新导向

对比、分析中发现：

2017 年：等比数列前 n 项和公式；面面垂直及表面积；相关性及均值、标准差的求法；圆锥曲线综合问题；导数及其应用；参数方程，极坐标方程；绝对值不等式、恒成立问题。

2018 年：等比数列；面面垂直及体积；统计直方图；圆锥曲线；导数及其应用；参数方程，极坐标方程；绝对值不等式、恒成立问题。

通过分析：解答题增强了开放性和灵活性，形式多样化，避免"题海战术"。

(三)注重文化渗透，考查培育方向

在新时代教育思想的指引下，把独特的历史文化引入考题中，起到春风化雨和培养家国情怀的效应。

例 1 [2018·全国卷Ⅰ理 10]图 30 来自古希腊数学家希波克拉底所研究的几何图形。此图由三个半圆构成，三个半圆的直径分别为直角三角形 ABC 的斜边 BC，直角边 AB，AC。△ABC 的三边所围成的区域记为Ⅰ，黑色部分记为Ⅱ，其余部分记为Ⅲ。在整个图形中随机取一点，此点

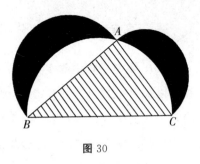

图 30

取自Ⅰ，Ⅱ，Ⅲ的概率分别为 p_1，p_2，p_3，则（　　）

A. $p_1 = p_2$ 　　　B. $p_2 = p_3$ 　　　C. $p_1 = p_3$ 　　　D. $p_1 = p_2 + p_3$

(四)注重实践应用，考查时代生活

应用题与国家科学技术进步、社会经济发展、生产生活实际紧密联系起来，例如，理科卷第 3 题以新农村建设为背景，涉及农村经济收入的数据分析，具有浓厚的新农村气息。又如理科卷第 20 题以产品质量检查为背景，具有很强的现实意义，将重点放在如何分析和解释数据，真正体现学以致用地解决时代生活问题。

(五)注重教育改革，考查学科素养

分析发现，文理同题比例有了较大的调整，这一变化正好适应新一轮高考数学不分文理科的教育改革趋势。

难度大致如下：

(1)基础题：选择题第 1~7 题，填空题第 13~14 题，解答题第 17 题；

(2)中档题：选择题第 8~11 题，填空题第 15 题，解答题第 18~19 题，选考；

（3）创新题：概率统计；

（4）压轴题：选择题第 12 题，填空题第 16 题，解析几何，导数。其目的一是考核核心素养，增加共同题；二是树立学习信心，扩大得分率；三是增强区分效果，为选拔人才打基础。

二、单元一体化教学建议

据分析，当今的数学教育趋势就是以理解、以问题解决、以数学探究为价值取向。所以在备考中，应将相关内容优化为一个个相对独立的大单元进行教学，以突出数学内容的主线以及知识关联的一体化。

（一）依纲且靠本，教材须深究

研究考试大纲，回归教材，可将单元知识点系统化、网络化、一体化。

1. 教材是高考命题的"根本"

试题源于教材，高于教材，题目大部分是对课本例题及习题的再加工、综合、类比、延伸和拓展，教学中一定要重视通性通法。

2. 教材是高考答题的"范本"

定理的证明、例题的解答是高考解答题的范本，教材是教育专家集体智慧的结晶，具有深刻的思想性、严谨性、科学性和权威性。

3. 教材是数学文化的"蓝本"

高考越来越重视渗透数学文化，教材中有不少例子：如必修 1 中的"中外历史上的方程求解"；必修 2 中的"祖暅原理"；必修 3 中的"割圆术"等。

（二）板块大聚集，单元一体化

高三内容大致可分为 17 大板块，想每个大板块都深入复习是不实际的，正所谓"面面俱到"就"面面不到"。根据系统论可将高三内容概括为五大单元，即向量三角、立体几何和解析几何、概率统计、函数导数、数列不等式。这样，重点突破这五大单元，把相关内容通过一条主线形成一体化复习系统，每个系统形成相关联的知识网络、思想方法、文化渗透、技巧分析和解题示范等。

研究发现，全国卷涉及了一些课本和考纲中都没有的要求，比如对称性、周期性、图形的平移和翻折、弦振动函数的深层理解、函数增减快慢、拐点、极值点、离散型的最值点，这些都需要在大单元教学中进行思维深化和能力提升。

(三)剖通性通法，重能力提升

根据人的认知发展理论，学生掌握知识和技能是经过由简单到复杂、由基础到能力、由性质定理到知识应用不断深化的过程，是螺旋式上升的过程。鉴于此，教学既要设计明确的问题提出、发现、解决线索，作为有效活动的"教"的主线；又要突出学生积极、主动学习的思路，作为学生"学"的主线。如平面向量基本定理，可从中引导探索衍生出中线定理、三等分点定理、三点共线定理、定比分点定理等，培养学生数学素养和提升综合应用能力。

所以，教师在课堂上一定要注重整体构建的设计理念，强化知识的层次性、应用性和拓展性，由点到线、由线到面剖析相关问题的通性通法，助力学生自主探索能力的提升，主动适应高考改革的新挑战。

参考文献

[1]吕世虎，吴振英. 数学核心素养的内涵及其体系构建[J]. 课程·教材·教法，2017(09)：13.

[2]吕世虎，杨婷，吴振英. 数学单元教学设计的内涵、特征以及基本操作步骤[J]. 当代教育与文化，2016(04)：41-42.

把握高考试题特点 明确数学教学方向①

邓胜旺　周日桥

【摘要】科技革命日新月异，信息时代蓬勃发展，数学教育面临前所未有之"大变局"，数学核心素养的提出"倒逼"教学重新定位。新时代教师不仅要熟练驾驭教材、掌控课堂，更要创造性地整合课堂资源、明确教学方向，师

―――――――――

① 本文发表在全国优秀科技期刊《中学数学(高中)》2021年第7期。

生共同体验知识探索、文化创造的乐趣；教师不仅要善于"教"，更要善于从"学"的角度去引导教学，从高考试题的"变"与"不变"中探索数学素养的培育策略。

【关键词】认知分析；关键能力；数学素养；数学文化

【基金项目】本文系广州市教育科学"十三五"规划 2018 年度立项课题"构建培养中小学数学核心素养的一体化策略研究——以石碁片区单元教学为例"（项目编号：201811751；课题负责人：周日桥）、2019 广州市番禺区教学成果重点培育项目"'碁美'课堂教学理论与实践"（项目负责人：彭朝晖）阶段性研究成果。

数学是"重中之重"的高考科目，2020 年全国高考Ⅰ卷遵循考纲要求，考查了数学文化、数学应用和核心素养，展现了建设成就和科技成果。结构、题型设置稳定，文理同题比例合理。然而 2019 年全国高考Ⅰ卷的考生表示意外，很多考生都认为是"十年来最难的一次高考"，感觉是初中生考高中题，简直不按常理出牌，题型设置、难易程度等都发生了很大变化，比如压轴题竟然是概率，并且兼顾考查数列，这与近些年压轴题是导数题大相径庭，极为少见。这两年试题为何变化如此之大，对推进新高考的教学改革、由"选分"到"选人"及学生的数学素养培育，有怎样的启迪与导向作用？

一、比较汇总，了解素养考查情况

为全面了解 2020 年全国Ⅰ卷的素养考查情况，对文、理科共 46 道题进行了分析，并汇总如下。

	数学抽象	逻辑推理	数学建模	直观想象	数学运算	数据分析
文科	7，16，20	9、10、11、12、13、16、17、18、20、21、23	5、17	3、5、7、11、12、15、19、20、21	1、2、4、6、7、8、9、10、11、12、13、14、15、16、17、18、19、20、21、22、23	5、17、20
题目数量	3	11	2	9	21	3

	数学抽象	逻辑推理	数学建模	直观想象	数学运算	数据分析
理科	7，12，21	4，8，9，10，11，12，13，15，16，17，18，19，20，21，23	5，19	3，5，7，10，12，15，16，18，20	1，2，4，6，7，8，9，10，11，12，13，14，15，16，17，18，19，20，21，22，23	5
题目数量	3	15	2	9	21	1

二、认知分析，寻找"变"的方向

2020 年全国高考Ⅰ卷注重基础考查，其中集合、复数、不等式、平面向量、二项式定理和统计概率占比相同（5 分），三角函数、函数与导数占比相同（10 分），圆锥曲线和立体几何占比相同（15 分）。而 2019 年全国高考Ⅰ卷突显核心主干知识，其中三角函数、函数与导数共 39 分，立体几何共 17 分，数列共 10 分，统计与概率共 17 分，解析几何共 22 分，突出数学应用、数学表达等关键能力。比较近几年试题，突出以下特点。

1. 新时代强调优秀文化浸润

"文化考查"已渐成必考内容，体现了"文化自信"的培养导向。2020 年高考理科第 3 题，设计了以全球闻名的胡夫金字塔为背景，把立体几何中的正四棱锥融入世界文化遗产中，考查了直观想象素养，渗透了美育教育。2019 年高考理科第 6 题披着《周易》的华丽外衣，巧妙地通过排列组合题实质考查二项分布，突出数学应用，同时给考生普及了古代伟大的哲学思想。2018 年高考理科第 10 题以古希腊数学家希波克拉底所研究的几何图形为背景，考查概率统计的应用。这些题目中的"文化"来自不同的领域，都有异曲同工之妙，体现"数学来自生活又高于生活"，很好地体现了"数学文化"之美。

2. 新高考突出体现"五育并举"

高考试题遵循考试大纲和考试说明，贯彻"体育美育要有刚性要求，劳动教育要有效开展起来"的精神。2020 年理科第 19 题巧妙地将体育运动作为问题情景，将概率问题融入常见的羽毛球比赛中，重在考查逻辑思维能力。

2019年文、理科第4题都是以世界闻名的"断臂维纳斯"为设计背景，探讨了富有哲理的人体黄金分割之美；文科第17题以"某商场为提高服务质量"为情景，体现了对服务质量的要求，引导教育学生要热爱劳动、珍惜劳动。这些题目既能考查学生运用所学知识解决问题的能力，又能引导学生强化体育训练、注重发现美，很好地起到了"体育""美育"和"劳动教育"的效果。

3. 新变化注重培养关键能力

分析发现：新高考注重考查基础核心知识，如客观题考查了集合、复数、算法、向量、导数、排列组合、椭圆、双曲线等，三视图、线性规划等未出现；主观题主要考查了数列、立体几何、概率统计、圆锥曲线、导数、不等式等主干内容。2020年压轴题继续考查数学综合应用，理科第12题考查观察、运算、推理判断等能力，第21题考查利用导数的逻辑推理、推理论证、运算求解、分类与整合等能力。2019年在难度上较2018年有较大的提高，如概率统计常在第18、19题出现却调到了第21题，成了压轴题且是最难的一道。考生遇到两大障碍：一是题目难度突然增大导致心理焦虑严重；二是审题有很大困难，由文字语言转化为数学语言的能力要求高。第20题导数两问都是证明，需要严密的逻辑推理和论证能力。第22题第一问比以往的考题难度都大，在淡化消参技巧的变化中却超出想象，突出考查学生的关键能力和数学素养。

三、培育素养，探索"不变"的根本

通过试题分析，发现高考考查某一核心素养的同时也兼顾其他核心素养，六大数学核心素养之间既相对独立又密切联系，教学中要积极探索数学中"不变"的本质规律。

1. 重视基础，突出通性通法之"不变"

2020年全国高考Ⅰ卷坚守"重视通性通法，淡化技巧"，明确数学备考不宜过难过偏。2019年全国高考Ⅰ卷也相当重视考查基础知识，突出通性通法。"通性"就是概念所反映的基本性质；"通法"就是概念所蕴含的思想方法。这就要求在高中教学中，要充分加强知识的基础性、全面性和系统性，力争做到依纲靠本，对照考试大纲、熟悉课程标准和教材设计要求，明确重点考点和核心内容，要设法培养学生的解题技巧和应变能力，善于把握题目中的"变"与"不变"，回归本质，理解数学。

2. 重视思想，突出思维训练之"不变"

数学思想方法是从数学内容中提炼出来的数学知识的精髓，是将知识转化为能力的桥梁，有着广泛的应用，是历年高考的重点。中学数学中的主要思想有数形结合思想、分类与整合思想、函数与方程思想、化归与转化思想、特殊与一般思想、有限与无限思想、或然与必然思想，有的专家称之为"七大思想""七龙珠"或"七大法"。在高三这一年，要熟练掌握这七大数学思想，谈何容易，有什么套路可以帮助学生做好战略储备？其实，"数形结合"实际上就是"翻译"的一种，借助于直角坐标，几何可以"翻译"为代数，代数也可以"翻译"为几何，其关键就是数学基本概念要熟悉，基础要扎实。又比如"特殊化"，即根据题目或者选项的限制条件，取一些特殊值或特殊式子，寻找特殊规律，再推及一般规律，在高难度的题中可以用特殊化进行猜想。2020年全国高考Ⅰ卷第20题属常规题，难度有下降但方法多，尤其注重思维应变；第21题利用导数判断单调性的方法，与常规题目不一样，重点考查逻辑推理、分类与整合等能力；第22题出现了四次方，平时很少见，是个拦路虎，思维品质要求很高。

3. 重视方法，突出典型题目之"不变"

数学家哈尔莫斯说过："问题是数学的心脏"，"题"是"数学问题"的主要载体，数学学习离不开"题"，不仅"题"中有乾坤、有日月，"题"中更有思维、有智慧、有方法。教师怎样设问，才能体验到"众里寻他千百度"的境界呢？

首先是要选好"题"。给学生训练的"题"选得好，在变化中寻求突破，让学生的思想方法得到更好的提炼，这样会让学生变得越来越聪明。其次是要讲好"题"。讲"题"特别要注重目的性、针对性、规范性和思想性，代表性不强，只是浪费时间做无用功，折腾学生，学生体验不到成功的乐趣，甚至会讨厌数学。再次是练好"题"。练题尤其要注重基础性、层次性和综合性，2019高考Ⅰ卷压轴题，表面看是一道概率题，和近几年都不一样，但不管题目如何变化，解题的方法是不变的。

如果说"重视解题技巧，为了教学抓教学"属于智力层面上的问题，那么

"重视情感态度，不为教学抓教学"则属于非智力层面上的问题，在高考命题努力实现从能力立意到素养导向转变的形势下，我们是否可以认为两者结合起来就是高考备考成功的"充要条件"？教学中要善于创设情境问题，引导学生应对突如其来的变化，真正体验到"数学之美"。

参考文献

[1]中华人民共和国教育部.普通高中数学课程标准(2017年版)[S].北京：人民教育出版社，2018：16.

[2]周日桥.对2018年高考数学全国卷Ⅰ的认知分析与单元一体化教学建议[J].中学数学教学参考，2019(3)：56-57.

[3]周日桥.高中数学教师专业素养"1＋2＋3"培养模式探究[J].数学教学通讯(高中版)，2020(11)：26.

基于全国高考数学素养新认知下一体化教学探究①

周日桥

【基金项目】本文系广东省教育科学"十四五"规划2021年度立项课题"基于《学习罗盘2030》的中小学数学一体化教学实践研究"(项目编号：2021YQJK012)、中国教科院粤港澳大湾区教育发展专项研究2020年度立项课题"粤港澳大湾区背景下'1＋2＋N'教师教育共同体发展研究"(项目编号：GBAJY－YB202001)阶段性研究成果。

高考彰显了践行"立德树人"，落实"五育并举"，在教学实践中倡导素养导向、能力为重、科学选拔及幸福育人等新高考人才选拔功能。为了进一步培养数学核心素养，减少或避免某些知识的断层或重复，教学实践中应依据《普通高中数学课程标准(2017年版2020年修订)》，构建一种促进学生知识学

――――――――――

① 本文发表在国家级中文核心期刊《教育学文摘》2021年第9期。

习、素养提升一体化发展的教学策略。

一、高考数学题特点分析

纵观近几年数学试题，发现简单题、基础题、中档题和难题基本上呈现 $1:3:2:1$ 分布，难题大概占 14.3%。近两年试题有以下变化。

(1)简单题有新变化。如 2020 年高考全国Ⅰ卷数学选择题中复数、集合题互换位置。

(2)应用题有新突破。如 2020 年文科 17 题统计题与历届考查解三角形、数列等设计不一样。

(3)背景体现国际化。如 2020 年以埃及金字塔为背景，体现了国际视野。

(4)考查侧重点不同。往年概率统计以数据处理为主，2020 年考查却侧重以计算为主。

(5)文理科同题增多。第 3、5、7、13、22、23 题完全一样，体现改革趋势。

(6)突出空间想象力。如 2020 年考查空间想象能力比较突出，如理科第 3、10、16 题均是立体几何题。

二、素养分析

下面大部分以 2020 年高考全国Ⅰ卷数学题为例进行数学素养分析，探索一种能促进学生知识学习、素养提升一体化发展的教学策略，为高三复习备考提供一点借鉴。

1. 考查数学抽象、彰显数学规律

数学抽象是从数学考查角度，依据相关的数量关系、图形关系或图表关系等创设一定的现实问题情景，从个体事物的特殊背景中抽象出一般规律，通过公认的数学符号和数学术语加以描述或表达的数学素养。

如 2020 年高考全国Ⅰ卷数学文、理第 7 题，该题文、理科相同，重在考查数学抽象素养，难度不容小觑，不难发现其核心条件是：$\cos(-\dfrac{4\pi}{9}\omega+\dfrac{\pi}{6})$

$=0$，即 $-\dfrac{4\pi}{9}\omega+\dfrac{\pi}{6}=\dfrac{3\pi}{2}+2k\pi$，$k\in \mathbf{Z}$。解决本题的难点是通过数量关系的抽

象，求出未知量及一般规律，再结合函数图像及周期性进行求解，对几何直观、逻辑推理都有一定的要求。

2. 考查逻辑推理、彰显体育教育

逻辑推理是从数学思维角度出发，从一些数学事实和数学命题出发，依据规则推出其他命题的素养，目的是形成重论据、有条理、合乎逻辑的思维品质和理性精神。

身心健康是素质教育的重要内容，社会对学生身体状况的关注度也越来越高，近几年高考数学也设计以体育运动为问题情境的试题，体现了积极的导向作用。例如，2020 年全国Ⅰ卷理科第 19 题是以体育项目（3 人羽毛球赛）为问题情景，非常巧妙地将概率考查问题融入羽毛球比赛中去，通过比赛选手获胜概率设置题目问题，充分考查学生对相关事件的分析、转化和应用能力，从不同角度考查了学生对古典概率模型的基本知识、事件关系及事件独立性等方面的掌握和理解，注重逻辑思维能力和问题解决能力。尤其值得一提的是，对问题的综合解决能力，如问题（3）记事件 A 为甲输，事件 B 为乙输，事件 C 为丙输，记事件 M 为甲赢，记事件 N 为丙赢，则甲赢的基本事件包括：$BCBC$、$ABCBC$、$ACBCB$、$BABCC$、$BACBC$、$BCACB$、$BCABC$、$BCBAC$，所以，甲赢的概率为 $P(M) = \left(\dfrac{1}{2}\right)^4 + 7 \times \left(\dfrac{1}{2}\right)^5 = \dfrac{9}{32}$，突出考查学生的逻辑推理素养。

3. 考查数学建模、彰显实际应用

数学建模是以现实情景问题为核心，以学生现有知识水平为主体，根据学生的认知构建数学模型、验证模型结果并改进数学模型，最终提高解决实际问题的能力和素养。

数学应用的突出方面就是要解决实际问题，近两年新冠病毒传播速度之快、影响之大和损失之重，是无法估算的，但科学防控的成果是令人欣慰的。例如，2020 年新高考山东卷第 6 题，根据疫情初始阶段累计感染病例数建立数学模型，考查学生理解数学材料和提取信息的能力，侧重考查了学生对新事物数学模型的应用能力。又如 2020 年全国Ⅱ卷文、理第 3 题也以新冠病毒传播为问题情景，通过 logistic 模型借助指数函数的有关知识和解题技巧，突出考查了学生应用新数学模型解决目前遇到的实际问题，具有很强烈的时效性和应用性。又如 2020 年高考数学 I 卷文、理第 5 题，该题研究种子发芽率和温度之间的关系，通过观察、分析，判断选择最适宜作为本题的回归方程类型（指数函数型），对数学建模素养要求不高，对直观想象也有要求。

4. 考查直观想象、彰显美育教育

直观想象素养是师生在实际教学过程中，依据教学实际需要借助现实事物或教学模型，通过几何直观或空间想象激发学生的数学思维，感受有关事物的固有形态或动态变化，并使用数学图形、数学思维和数学方法解决现实问题的数学素养。

比如 2020 年高考全国 I 卷数学文、理第 3 题，本题以世界建筑奇迹古埃及胡夫金字塔为背景（图 31），设计了空间正四棱锥的计算问题，如图 32 所示，设 $CD=a$，$PE=b$，则 $PO=\sqrt{PE^2-OE^2}=\sqrt{b^2-\dfrac{a^2}{4}}$，由题意 $PO^2=\dfrac{1}{2}ab$，即 $b^2-\dfrac{a^2}{4}=\dfrac{1}{2}ab$，化简得 $4\left(\dfrac{b}{a}\right)^2-2\cdot\dfrac{b}{a}-1=0$。本题很好地考查了学生的直观想象素养，让学生充分体验了数学之美。

图 31

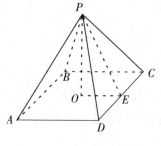

图 32

5. 考查数学运算、彰显理性思维

数学运算素养是师生在教学过程中根据问题情景，明晰运算对象，依据运算法则和运算方法解决实际问题的数学素养。数学运算是数学活动、演绎推理和寻求结果的重要形式，数学运算是数学核心素养形成的基本手段，也是数学思维训练和提升的有效路径，更是数学能力发展和科学精神培养的重要方法。

例如，2020 年高考全国 I 卷理科第 12 题：若 $2^a + \log_2 a = 4^b + 2\log_4 b$，则（　　）

A. $a > 2b$　　　B. $a < 2b$　　　C. $a > b^2$　　　D. $a < b^2$

本题题目表面看起来相当简单，内容不多，但是学生不容易入手，数学基础不扎实的学生可能一时毫无头绪，无从动笔。深入研究发现，题目不仅考查学生运用知识分析、解决问题的能力，还突出考查了学生的数学运算素养，尤其是在构造函数方面，如设 $f(x) = 2^x + \log_2 x$，易知 $f(a) - f(2b) = 2^a + \log_2 a - (2^{2b} + \log_2 2b) = 2^{2b} + \log_2 b - (2^{2b} + \log_2 2b) = \log_2 \dfrac{1}{2} = -1 < 0$，所以 $a < 2b$。同时也考查了学生的观察能力、运算能力、推理判断能力与灵活运用知识的综合能力，考查了批判性思维。

6. 考查数据分析、彰显劳动教育

数据分析是教师在数学教学过程中，依据数学对象提供的相关数据或图表信息，引导学生运用科学方法对题目信息进行提取、辨别、分析和推测，从而形成解决实际问题的数学素养。

近几年，高考数学题注重将社会生产劳动作为问题设置情景，将劳动意识与数学考查有机融合，目的是引导考生在解题的过程中注重劳动素养培育。例如，2020 年新高考 I 卷第 16 题在考查几何知识的数学抽象时注重背景下的数学应用。又如 2020 年全国 I 卷文科第 17 题以工业生产的总厂分配加工问题为考题背景，巧妙地将概率和统计知识融入劳动背景中，将数学概念与社会劳动实践结合在一起，如 (2) 甲分厂的频数分布表为

利润	65	25	-5	-75
频数	40	20	20	20

因此，甲分厂的平均利润为 $\dfrac{65 \times 40 + 25 \times 20 - 5 \times 20 - 75 \times 20}{100} = 15$，通过数学模型，让学生运用概率统计的有关知识对社会实际数据进行分析，考查了数据分析素养。

三、一体化教学策略

研究发现，在突出培养某一数学素养的同时，要兼顾其他相联系的数学素养，一体化教学就显得很有必要，而且是行之有效的策略。

1. 寻找知识跳跃让内容衔接

有很多内容比如统计、函数等都是贯穿整个高中的，基础打不好会影响后面的学习，所以要依据系统论找准知识的跳跃点，关注《普通高中数学课程标准(2017年版)》和新高考改革要求，让教学内容不重不漏，有效衔接。比如教师在讲授2020年全国Ⅰ卷理科第19题时，应该设计将概率统计的有关知识内容有机融合，设置一体化衔接内容让学生的数学应用训练得到充分的体现。

2. 突破思维飞跃让方法衔接

高考贯彻"低起点、多层次、高落差"的原则，具体体现为一体化设计，以起点低、入口宽兼顾全体，重视思维的层次性、多种解决问题的办法，体现综合性、创新性、创造性。例如，在讲评2020年高考全国Ⅰ卷理科第12题时，教师要从不同角度、不同思维层次去创设问题情景，让不同水平的学生都有收获，要侧重关注学生数学思维的飞跃点，让相关方法得到一体化训练。

3. 创设素养跨越让能力衔接

试题背景丰富，对德智体美劳"五育"等方面都有要求，所以在培育数学核心素养的同时要做到"五育"并举，找准素养培育的跨越点，让学生的空间想象、推理论证、数据处理和数学应用等能力都得到一体化发展。劳动教育是近几年的教育热词，例如，在评析2020年全国Ⅰ卷文科第17题时，教师应该把具有相同题目背景的数学问题整合在一起，形成题组式专项训练，设法让学生的数学素养得到新的认知。

参考文献

[1]教育部考试中心.以评价体系引领内容改革以科学情境考查关键能力：2020年高考数学全国卷试题评析[J].中国考试，2020(8)：30-31.

[2]周日桥.对2018年高考数学全国卷Ⅰ的认知分析与单元一体化教学建议[J].中学

数学教学参考，2019(3)：56-57.

[3]周日桥. MM方式在高中数学"教·学·研一体化"中的应用探究[J]. 高中数理化，2021(05)：20.

2021年高考数学"五育"考查评析及一体化教学建议①

周日桥

【摘要】2021年高考数学体现"3＋1＋2"高考改革发展趋势，突出"五育并举"、科学选拔和育人导向。笔者认为，试题遵循素养导向、能力并重、突出数学本质和理性思维等命题原则，以理论联系实际、创设社会建设和科学发展为问题情景，体现数学文化、数学能力和数学素养的应用价值。试题充分呈现题型与思维的开放性、必备知识与关键能力的重要性，以理性思维践行"立德树人"。

【关键词】数学核心素养；五育并举；一体化教学；创新性实践

【基金项目】本文系广东省教育科学"十四五"规划2021年度立项课题"基于《学习罗盘2030》的中小学数学一体化教学实践研究"（项目编号：2021YQJK012）、中国教科院粤港澳大湾区教育发展专项研究2020年度立项课题"粤港澳大湾区背景下'1＋2＋N'教师教育共同体发展研究"（项目编号：GBAJY－YB202001)阶段性研究成果。

一、"立德树人"体现高考导向

2019年6月，《中共中央 国务院关于深化教育教学改革全面提高义务教育质量的意见》(以下简称《意见》)强调要"大力提高教育教学能力"。2020年10月，中共中央国务院印发《深化新时代教育评价改革总体方案》提出"稳步推进中高考改革，构建引导学生德智体美劳全面发展的考试内容体系"。

---

① 本文发表在国家级教育类中文核心期刊《高中数理化》2021年第18期。

2021年高考数学体现"3＋1＋2"高考改革发展趋势，突出"五育并举"，聚焦核心素养，考查关键能力，体现了科学选拔和育人导向。笔者认为，试题遵循素养导向、能力并重、突出数学本质和理性思维等命题原则，重视理论联系实际、数学生活化考查，以创设社会建设和科学发展为问题情景，体现数学文化、数学能力和数学素养的应用价值。试题充分呈现题型与思维的开放性、必备知识与关键能力的重要性，通过"五育并举"以理性思维践行"立德树人"。

二、考查"五育并举"，聚集数学素养

(一)明德：厚植爱国情怀

2021高考数学试题重视以中国特色社会主义建设和科技发展的重大成就为问题背景，结合高中数学的有关考查内容，巧妙地将两者融合在一起，目的是引导学生关注社会现实与经济、科技进步与发展、文化传承与弘扬，从而进一步增强学生的民族自尊心和自豪感，进一步厚植社会主义核心价值观和增强爱国情怀。例如，为了考查学生对概率统计基本知识的理解与应用，题目以"一带一路"知识竞赛为问题背景，如例1。（由于限于篇幅，以下选用的高考题均只给出答案，过程由读者自行探究）

例1 （2021新高考Ⅰ卷第18题）某学校组织"一带一路"知识竞赛，有A，B两类问题。每位参加比赛的同学先在两类问题中选择一类并从中随机抽取一个问题回答，若回答错误则该同学比赛结束；若回答正确则从另一类问题中再随机抽取一个问题回答，无论回答正确与否，该同学比赛结束。A类问题中的每个问题回答正确得20分，否则得0分；B类问题中的每个问题回答正确得80分，否则得0分。

已知小明能正确回答A类问题的概率为0.8，能正确回答B类问题的概率为0.6，且能正确回答问题的概率与回答次序无关。

(1)若小明先回答A类问题，记X为小明的累计得分，求X的分布列。

(2)为使累计得分的期望最大，小明应选择先回答哪类问题？并说明理由。

【答案】(1)X的分布列为：

X	0	20	100
P	0.2	0.32	0.48

(2)应先答 B 类题。

为关注生产生活，2021 高考全国乙卷文、理科第 17 题，均以芯片生产中的刻蚀速率为原型，设计了概率统计的应用问题。试题通过新旧两台设备各生产 10 件产品得到的指标数据，判断新设备生产产品的该项指标的均值较旧设备是否有显著提高，即研究是否成立。考查对平均数、方差、分布列及期望等统计知识的理解和应用。

例 2 （2021 全国乙卷文、理科第 17 题）某厂研制了一种生产高精产品的设备，为检验新设备生产产品的某项指标有无提高，用一台旧设备和一台新设备各生产了 10 件产品，得到各件产品该项指标数据如下。

旧设备	9.8	10.3	10.0	10.2	9.9	9.8	10.0	10.1	10.2	9.7
新设备	10.1	10.4	10.1	10.0	10.1	10.3	10.6	10.5	10.4	10.5

旧设备和新设备生产产品的该项指标的样本平均数分别记为 $\bar{x}$ 和 $\bar{y}$，样本方差分别记为 s_1^2 和 s_2^2。

(1)求 $\bar{x}$，$\bar{y}$，s_1^2，s_2^2。

(2)判断新设备生产产品的该项指标的均值较旧设备是否有显著提高（如果 $\bar{y}-\bar{x} \geq 2\sqrt{\dfrac{s_1^2+s_2^2}{10}}$，则认为新设备生产产品的该项指标的均值较旧设备有显著提高，否则不认为有显著提高）。

【答案】(1)$\bar{x}=10.0$，$\bar{y}=10.3$，$s_1^2=0.036$，$s_2^2=0.04$。(2)新设备生产产品的该项指标的均值较旧设备有显著提高。

《意见》中提到要"加强爱国主义、集体主义、社会主义教育"。以上两道 2021 年高考题通过引导学生关注"一带一路""芯片"这些重大热点问题，引导考生关心中国智慧、中国智造，关注科技发展，引导考生树立正确的人生观、世界观和价值观，帮助学生形成认真、严谨、独立思考的习惯，培养学生尊重事实的科学态度和质疑求真的科学精神，进而提升学生的数学素养，使其具有自身和社会发展所必备的品格和能力，促进其实践能力和创新意识的发展。

(二)益智：培养关键能力

《意见》中强调"提升智育水平"。教学中要注重培养学生对数学的认知能力、思维能力和创新能力。数学是思维的体操，数学在培养学生推理能力、想象力和创造力等方面都有独特功能。因此，教师要善于发挥学生的主体意识，让学生深入理解数学认知规律、思想方法和本质内涵。例如，2021年新高考Ⅰ卷第21题通过创设有序开放问题情景，考查学生运用几何思想方法分析、解决问题的能力。

例3 （2021年新高考Ⅰ卷第21题）在平面直角坐标系 xOy 中，已知点 $F_1(-\sqrt{17}, 0)$，$F_2(\sqrt{17}, 0)$，点 M 满足 $|MF_1| - |MF_2| = 2$。记 M 的轨迹为 C。

(1)求 C 的方程。

(2)设点 T 在直线 $x=\frac{1}{2}$ 上，过 T 的两条直线分别交 C 于 A，B 两点和 P，Q 两点，且 $|TA| \cdot |TB| = |TP| \cdot |TQ|$，求直线 AB 的斜率与直线 PQ 的斜率之和。

【答案】(1) $x^2-\dfrac{y^2}{16}=1 (x>0)$。(2) $k_1+k_2=0$。

该题是一道圆锥曲线大题，第(1)问相对简单，主要是通过双曲线定义求方程，尤其是要注意只是双曲线的右支，考查思维的严谨性。第(2)问在线段等积式条件下，求两直线的斜率之和，所求隐含斜率和为定值。其几何背景是圆锥曲线上的四点共圆，结论是所成四边形的对边(不平行时)或两对角线所在直线的倾斜角互补，当斜率均存在时，所在直线的斜率互为相反数。这其实是考查直线与圆锥曲线的位置关系，利用韦达定理、弦长公式求解，这也是多年来圆锥曲线求解的常规思路，可看作考查圆锥曲线问题方法的回归。这道题充分体现了数学形式与本质的完美结合，展示了数学的形式美、简洁美与和谐美。

(三)健体：关注身心健康

《意见》中提到"强化体育锻炼"。目前，从国家到地方都非常重视学生的体质健康，要求学校开足开齐体育与健康课程。身心健康已成为素质教育的核心内容，在《中国高考评价体系》中也有具体的体现，其中健康情感的指标明确要求学生具有健康意识、健全人格和坚强意志。2021年高考数学试题对相关内容也有所体现。

例4 （2021全国甲卷理科第4题、文科第6题）青少年视力是社会普遍关注的问题，视力情况可借助视力表测量。通常用五分记录法和小数记录法记录视力数据，五分记录法的数据 L 和小数记录法的数据 V 满足 $L=5+\lg V$。已知某同学视力的五分记录法的数据为4.9，则其视力的小数记录法的数据约为（　　）$(\sqrt[10]{10}\approx1.259)$

A. 1.5　　　　B. 1.2　　　　C. 0.8　　　　D. 0.6

【答案】B。

该题是理论联系实际的数学应用，以社会普遍关注问题——青少年视力为题目情景，通过对五分记录法和小数记录法这两种测量方式所得数据，要求学生对这两组数据的关系进行深入分析，重点考查对数据的理解能力、运算能力和应用能力。

(四)尚美：渗透传统文化

《意见》中提到"增强美育熏陶"。这要求学校切实做好美育教育，落实音乐、美术、书法等艺术类课程，并根据地方特色做好艺术课程的融合教学。数学是人类文化的一种学科体现，2021年高考数学在文化应用方面进行重点探索，注重理论联系实际，让学生在感悟中体验数学的应用之美。例如，新高考Ⅰ卷第16题以我国传统文化剪纸艺术为背景，让考生体验从特殊到一般的探索数学问题的过程，重点考查考生灵活运用数学知识分析问题的能力。

例5 （2021新高考Ⅰ卷第16题）某校学生在研究民间剪纸艺术时，发现剪纸时经常会沿纸的某条对称轴把纸对折。规格为20 dm×12 dm 的长方形纸，对折1次共可以得到10 dm×12 dm，20 dm×6 dm 两种规格的图形，它们的面积之和 $S_1=240$ dm²，对折2次共可以得到5 dm×12 dm，10 dm×6 dm，20 dm×3 dm 三种规格的图形，它们的面积之和 $S_2=180$ dm²，以此类推，则对折 4 次共可以得到不同规格图形的种数为_____；如果对折 n 次，那么 $\sum\limits_{k=1}^{n} S_k =$ _____ dm^2。

【答案】5，$720 - 240 \cdot \dfrac{n+3}{2^n}$。

此题为填空题的最后一题，也是难度相对较大的应用题，对数学建模有一定要求，通过采用枚举法、构造函数和使用递推的思维方法，解决由"特殊"到"一般"的数列问题，对学生应用数列知识解决问题的综合应用能力有较高的要求。

孔子曾云："唯仁者能好人。"历年的高考数学试题中都传递着这么一种重要信息，就是要重视艺术教育，要引导教师在教学中创设"美"的教学情景，以美感人、以美化人、以美育人，真正做到教学实践中"有音有乐、有艺有术"。

(五)享劳：关注乡村振兴

《意见》中提到"加强劳动教育"。学校课程设置已有明确要求，劳动课程要占综合实践课程一半以上，数学教学也要充分发挥劳动育人功能，培养劳动精神、劳动品质和劳动意志，引导学生发扬热爱劳动、勤俭节约的优良传统。

例 6 （2021 全国甲卷文科、理科第 2 题）为了解某地农村经济情况，对该地农户家庭年收入进行抽样调查，将农户家庭年收入的调查数据整理得到如下频率分布直方图（图 33）：

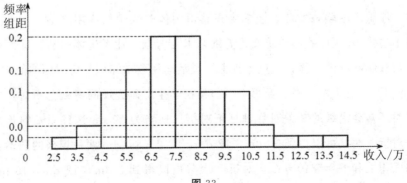

图 33

根据此频率分布直方图，下面结论中不正确的是（　　）

A. 该地农户家庭年收入低于 4.5 万元的农户比率估计为 6%

B. 该地农户家庭年收入不低于 10.5 万元的农户比率估计为 10%

C. 估计该地农户家庭年收入的平均值不超过 6.5 万元

D. 估计该地有一半以上的农户，其家庭年收入介于 4.5 万元至 8.5 万元之间

【答案】C。

2021 年全国甲卷文、理科第 2 题均以我国在脱贫攻坚工作取得全面胜利和农村振兴为背景，通过图表给出了某地农户家庭收入情况的抽样调查结果，以此设计问题，考查考生分析问题和数据处理的能力。

三、探索"一体化教学"创新性实践

一体化教学是以"幸福"为核心，依据普通高中数学课程标准，师生共同构建的一种促进学生知识学习、思维训练、能力培养及素养提升一体化发展的教学理念与教学策略。其创新性实践目标是"谋划中实现双赢，变化中寻求突破，互动中成就你我"。一体化教学是学生主体地位和教师主导作用的和谐统一、共同发展。

1. "立德树人"导向数学观念一体化教学

2021 年数学试题很好地落实了"立德树人，服务选才，引导教学"的核心功能，坚持高考的核心价值，突出学科特色，重视数学本质，发挥了高考的选拔功能，对深化中学数学教学改革发挥了积极的导向作用。数学为其他科学提供了语言、思想和方法，数学是技术、生产力和精神财富，其真理性使人尊重事实，其精确性使人明辨是非，其严谨性使人思维缜密，其概括性使人驾驭无限，其简洁性和统一性助人化繁为简，等等。对于以上这些"立德树人"功能，要靠从小学到高中一体化教学来落实。

2. "五育并举"导向数学课程一体化教学

2021 年高考数学总体平稳，没有出现偏、怪、繁的现象。试题重视对主干知识、"四基"内容的考查，题目看似简单，但对数学本质内涵、思想方法和核心素养的要求反而提高了不少。本次高考数学突出了"五育并举"，也体

现了新课程、新教法和新技术的深度融合。笔者认为，试题区分度明显，对数学核心素养要求很高，学生得高分很难。纵观分析，教学中应不慌乱、不茫从、不押题，要永葆初心，要以课程标准为纪、以高考评价体系为纲，重视基本概念、基础知识和思想方法的掌握和运用，达到"一引其纪，万目皆起，一引其纲，万目皆张"的一体化教学成效。

3. "作业管理"导向整体设计一体化教学

2021年4月8日，教育部办公厅印发了"教育部办公厅关于加强义务教育学校作业管理的通知"（教基厅函〔2021〕13号），"作业管理"也是《人民教育》2021年第3～4期的核心议题，在《要正确理解和科学安排学生作业时间》一文中对3万个样本大规模作业调研并进行回归分析发现，学生完成学校作业时间越长，提高学生成绩的效果越不明显，表明比作业的"量"更要紧的是作业的"质"。因此，数学教学要重视整体设计，作业问题本质上也是课堂一体化教学问题，学生作业完成好不好，直接反映课堂教学的"教"与"学"有没有一体化处理好、落实好。《意见》中强调"优化教学方式"，引导教师要注重启发式、互动式、探究式教学，要讲清重点难点、知识体系。"作业管理"导向下的整体设计，目的在于帮助学生运用"一题多解、一解多题、一题多题"的思考方式，引导学生处处思考，推动知识关联化、本质化。

教育是为未来做准备的，面向未来，"幸福"作为共同愿景被置于人类发展的核心位置，将更加注重培养学生的创新性素养和关键技能。中学数学一体化教学通过创新教学范式、变更学习内容和学习方式，以解决数学问题为价值导向，注重数学概念、原理的本质教学，可以促进学生快速适应新高考"3＋1＋2"课程改革的发展趋势。

参考文献

[1]中华人民共和国教育部. 中共中央 国务院关于深化教育教学改革全面提高义务教育质量的意见[EB/OL]. （2019年6月23日）. http://www.gov.cn/zhengce/2019-07/08/content_5407361.htm.

[2]中华人民共和国教育部. 普通高中数学课程标准（2017年版2020年修订）[S]. 北京：人民教育出版社，2020：5.

[3]周日桥. 中小学数学一体化教学[M]. 长春：吉林大学出版社，2020：9.

[4]周日桥. MM方式在高中数学"教·学·研一体化"中的应用探究[J]. 高中数理化，2021(05)：20.

[5]周日桥. 对2018年高考数学全国卷Ⅰ的认知分析与单元一体化教学建议[J]. 中学数学教学参考，2019(3)：56-57.

[6]周日桥. 高中数学教师专业素养"1+2+3"培养模式探究[J]. 数学教学通讯，2020(10)：26.

[7]张娜，唐科莉. 以"幸福"为核心：来自国际组织的教改风向标——基于《2030学习罗盘》与"教育4.0全球框架"的分析[J]. 中小学管理，2020(11)：28-30.

[8]董林伟，石树伟. 做数学：学科育人方式的实践创新[J]. 数学通报，2021(4)：22-24.

[9]周日桥. 中学数学"三课合一"单元教学一体化探索[J]. 中学数学(高中)，2020(9)：95-96.

[10]葛军. 改善学生的学习：南京师大附中的教改探索[J]. 中小学管理，2021(5)：5-6.

第二节　中小学数学一体化教学应用探究

MM方式在高中数学"教·学·研一体化"中的应用探究[①]

周日桥

【基金项目】本文系广州市教育科学"十三五"规划2018年度立项课题"构建培养中小学数学核心素养的一体化策略研究"(项目编号：201811751)、广东省教育科学"十三五"规划2019年度重点立项课题"'碁道育人'理念推进区域教育优质均衡发展的实践研究"(项目编号：2019ZQJK001)、教育部教师工作司委托课题"中小学数学教师信息化教学能力显著提升的研究与实践"(编号：JSSKT2020012)子课题阶段性研究成果。

---

① 本文发表在教育类中文核心期刊《高中数理化》2021年第10期。

有不少学生很想学好数学，但始终不得法而屡屡受挫。或许有人认为这主要是外在原因造成的，其实不然。有没有一种能体现数学素养导向、数学味道浓厚、数学思想丰富、数学文化充盈和师生可持续发展的教学方式？

MM 方式是运用方法论指导数学教学的一种启发式、探索式教学。"先研后教""先学后研""教·研·学一体化"正是基于 MM 方式下的实践应用，设法让学生的"学"教师可见，让教师的"教"学生也可见，旨在教学中充分体现数学素养导向、数学味道浓厚、数学思想丰富、数学文化充盈和师生可持续发展的探究思路。

一、什么是 MM 方式

马克思认为一门科学只有在成功地运用了数学时才算真正完善。MM 方式，即 mathematical methodology education pattern，是运用方法论指导数学教学的一种启发式、探索式教学。MM 方式汇"教学方法"之长，集"认知科学"之果，强调"既教猜想又教证明"，注重培养学生的数学素养和思维品质，有利于促进"教·学·研一体化"协调发展。

二、MM 方式的教学功能

1. MM 方式有利于更新教师的教学理念

"以学生为核心"是新课程教学理念，MM 方式正是基于学生的全面发展，注重兼顾个体的个性化发展，在教学中积极促进师生、生生的互动合作，同时也注重引导学生与教材编者对话，深入思考教材编写的真正意图。教学中也要有意识地渗入数学思想与哲学观、教学观的有关理念，充分让学生体验数学的思辨之美。

新时代新教育背景下，作为高中数学教师，一定要更新教学理念，既要通晓基础数学教育，也要了解初等数学及高等数学，设法弄懂知识的来龙去脉，构建小学、初中、高中数学思维一体化教学楼，掌握数学教育的话语权和主动权。

2. MM 方式有利于培养学生的创新思维

MM 方式通过"活"的教学设计、"活"的教学过程、"活"的评价和反馈，让课堂真正"活"起来，引导学生切实参与教学全过程，有充分合作、表现和竞争等师生、生生、自我的对话机会，不断培养学生的创新思维。

数学知识通常会比较抽象，尤其是涉及分段函数的内容，很多考生一见就怕。教师应根据学生现有知识水平，尽可能多采用 MM 方式的启发式教学，让学生通过探索对抽象内容进行内化转换、逻辑推理和数学运算，利用辩证唯物主义思想让学生体验解题方法的创新性（例1）。

例 1　（2019 天津高考理 8）已知 $a \in \mathbf{R}$，设函数 $f(x) = \begin{cases} x^2 - 2ax + 2a, & x \leqslant 1 \\ x - a\ln x, & x > 1 \end{cases}$，若关于 x 的不等式 $f(x) \geqslant 0$ 在 $\mathbf{R}$ 上恒成立，则 a 的取值范围为（　　）

A. [0, 1]　　　　B. [0, 2]　　　　C. [0, e]　　　　D. [1, e]

MM 方式，通常要对原来的教材进行适当加工，使现有教学法与其他优秀教学法相融合，不仅便于师生课堂操作，而且能减轻师生负担，进而提高数学教学质量。研究表明，MM 方式不仅对中学适用，而且对小学、高中教育等也是可行和有效的。根据现有教材大胆进行变式、题目条件结论的互化或知识能力的迁移等，都可以很好地通过题目形式的变化去培养学生思维的创新性（例2）。

例 2　（2015 清华大学自主招生 27）已知 $x, y \in \mathbf{R}^+$，满足 $2x + y = 1$，则 $x + \sqrt{x^2 + y^2}$ 的最小值为（　　）

A. $\dfrac{4}{5}$　　　　B. $\dfrac{2}{5}$　　　　C. 1　　　　D. $\dfrac{1 + \sqrt{2}}{3}$

教学不仅是知识输入，更重要的是要让学生掌握数学本质及规律，会用数学方法去解决数学问题，从而发展学生的数学能力和数学素养。MM 方式实践表明："发现"是创新思维方法的基石，进一步说明了数学教学要以数学思想为核心、以问题过程为载体、以数学素养为导向，着重培养学生思维方法的创新性（例3）。

例 3　（2014 年河南高三理模 12）设函数 $f(x)$ 的定义域为 $\mathbf{R}$，若满足条件：存在 $[a,b]\subseteq\mathbf{R}$，使得 $f(x)$ 在 $[a,b]$ 上的值域为 $\left[\dfrac{a}{2},\dfrac{b}{2}\right]$，则称 $f(x)$ 为"倍缩函数"。若函数 $f(x)=\log_2(2^x+t)$ 为"倍缩函数"，则 t 的取值范围是（　　）

A. $\left(0,\dfrac{1}{4}\right)$　　　B. $(0,1)$　　　C. $\left(0,\dfrac{1}{2}\right)$　　　D. $\left(\dfrac{1}{4},+\infty\right)$

3. MM 方式有利于提升课堂的教学质量

数学是美的，数学的美不同于现实中的美，它通常以一种抽象方式存在于数学知识之中，这就需要教师透过表象深挖蕴藏在数学知识背后的美。美育是需要培养的，MM 方式能有效地培养学生的数学美感，进一步提高教学质量。教学中要设法挖掘教材中的"好题"，如在学习"解析几何"的前言课中，可先让学生探索数学家笛卡尔的故事。在 1619 年某夜，笛卡尔在朦胧中从纵横交错的蛛丝中产生灵感，那岂不是"众里寻他千百度"的坐标系？于是"解析几何"诞生了，借此培养学生的毅力和意志。

又如，在学习椭圆的离心率时，基于 MM 方式，可以设置如下问题。

探究一：椭圆是否可看成是由圆变来的？怎样刻画它的扁平程度？

探究二：椭圆 $\dfrac{x^2}{25}+\dfrac{y^2}{9}=1$ 上的任一点 M 到左焦点的距离与到直线 l：$x=-\dfrac{25}{4}$ 的距离之比是多少？是否为定值？

探究三：椭圆 $\dfrac{x^2}{25}+\dfrac{y^2}{9}=1$ 上的任一点 M 到右焦点的距离与到直线 l：$x=\dfrac{25}{4}$ 的距离之比是多少？是否为定值？

对于探究一，大部分学生能回答出来，而对于探究二、三，大部分学生也能把这个定值推导出来，为什么两个定值一样？此时，教师要好好启发学生继续探索椭圆的第二定义，让学生充分体验能用这个刻画椭圆的扁平程度，从而得出"离心率——焦点离开中心的程度"。于是，不妨再继续：

探究四：（高中数学人教版教材 选修 1—1 第 41 页例 6）点 $M(x,y)$ 与定点 $F(4,0)$ 的距离和它到直线 L：$x=\dfrac{25}{4}$ 的距离的比是常数 $\dfrac{4}{5}$，求点 M 的轨迹。

探究五：(高中数学人教版教材 选修1－1 第 42 页习题 2.1 B组 2)点 M 与定点 $F(2,0)$ 的距离和它到直线 $x=8$ 的距离的比是 $1:2$，求点 M 的轨迹方程，并说明轨迹是什么图形。

这样，通过 MM 方式不断创设问题导向，启发学生更加深入理解椭圆的离心率，更加深度学习有关的核心知识，对不同的题目背景、相关的思想方法都能得到系统训练，很好地提升了教学质量。等学完了双曲线和抛物线后，再回头巩固有关内容，学生对离心率、第二定义的理解就更为深刻了。

三、MM 方式下"教·学·研一体化"探究

新时代教学改革越来越需要"教学＋科研"型教师，MM 方式就是"教学、学习、研究"三者同步协调，强调"学生为主体、教师为主导"，促进各学段数学思想一体化衔接发展。

1. "先研后教"解决学生的真问题

例4　(2020 高考全国卷Ⅰ文 21、理 20)已知 A、B 分别为椭圆 E：$\dfrac{x^2}{a^2}+y^2=1(a>1)$ 的左、右顶点，G 为 E 的上顶点，$\overrightarrow{AG}\cdot\overrightarrow{GB}=8$，$P$ 为直线 $x=6$ 上的动点，PA 与 E 的另一交点为 C，PB 与 E 的另一交点为 D。(1)略。(2)证明：直线 CD 过定点。

由于题目条件给出 $\overrightarrow{AG}\cdot\overrightarrow{GB}=8$，考生很自然会通过坐标表示，再利用向量的数量积运算，求出 a，进而求出椭圆方程。由于受此思维方式导向，很多考生第(2)题证明方法也会采用向量运算，分别由 $\overrightarrow{PA}/\!/\overrightarrow{PC}$、$\overrightarrow{PB}/\!/\overrightarrow{PD}$ 求出两个关系式(方程)，此时发现后面很困难或根本做不了。MM 方式给了我们很好的思路指引，在给学生讲解答案前，老师要"先研"题目，同一个大题中的两个小题，为何通常不会采用同一种方法或运算方式？若能在"后教"之前做足"先研"的功夫，给学生提供足够的探索体验，就能让学生领悟百花齐放的意境、感悟推陈出新的思辨和汲取用之不竭的源泉。

2. "先学后研"练就教师的真本领

根据新时代新教育的新要求，教师在教之前一定要"先学"有关专业知识，

在掌握了相关的基础知识和基本技能之后，在 MM 方式引领下，深入"后研"相关的教法策略和数学文化，只有这样，才能让数学课堂真正活跃起来，学生才会喜欢上数学课。

学生的"学"和教师的"教"其实是处于同一教学系统中的，MM 方式能充分调动学生的积极性，减轻教师因为学生厌学产生的苦恼，使学生脱离了题海羁绊，使教学进入良性循环，也是培养高层次数学教师的有效途径。

3. "教·学·研一体化"促进师生真发展

习近平总书记强调大家一起发展才是真发展，教学上也一样，只有课堂上让"学生喜欢"了，"教师幸福"才能实现，老百姓满意的好教育才能达成。MM 方式的评价体系强调要合理思考、清楚表述和有条理工作。有经验的教师把这种理念与平时的教学实践加以融合对照，就会惊喜发现这其实是不谋而合的。所以，实践中要设法做到"先研后教""先学后研""教·学·研一体化发展"，即教师在"后教"之前做好"先研"工作，在"后研"之前做好"先学"准备，处理好知识深度学习与思维高阶发展之间的关系，实现学生素养提升和教师专业发展双丰收。

MM 方式实现了数学的全面贯通，它的灵魂就是启发创造性，给师生提供一种行之有效、正确的数学教育观和学习方法。数学教育不单单是初等数学这个领域，而应该是与包含高等数学在内的整个数学领域连成一片，形成小学、初中、高中、大学数学教育一体化发展的新格局。

参考文献

[1]中华人民共和国教育部. 普通高中数学课程标准(2017 年版)[S]. 北京：人民教育出版社，2018：5，8.

[2]周日桥. 中小学数学一体化教学[M]. 长春：吉林大学出版社，2020：10.

[3]周日桥. 对 2018 年高考数学全国卷Ⅰ的认知分析与单元一体化教学建议[J]. 中学数学教学参考，2019(3)：56-57.

[4]周日桥. 高中数学教师专业素养"1＋2＋3"培养模式探究[J]. 数学教学通讯，2020(10)：26-27.

[5]曾辛金. 突出理性思维 落实核心素养[J]. 中学数学研究(华南师大版)，2020

（10）：2.

[6] 严运华. 基于素养立意的全国高考解析几何试题分析[J]. 中学数学教学参考，2020(1-2)：37-38.

[7] 林夏水. 从 MM 教育方式到 TEC 教学方式[J]. 数学教育学报，2007(2)：1-3.

[8] 胡建庭，周建勋，徐沥泉. 数学的贯通：MM 方式在我国数学教学中的应用概述[J]. 数学通报，2019(8)：31-33.

[9] 魏立平，马晓燕，朱殿利. 谈数学教师专业化培养的改革："MM(HT)教育方式"的启示[J]. 数学教育学报，2006(05)：97-98.

[10] 唐志华. 推广应用 MM 方式(上)：把提升数学教师核心素养的培训工作落实在课堂[J]. 教师教育论坛，2018(2)：57-58.

新高考背景下初高中数学衔接教学一体化策略刍议①

周日桥　李　伟

【摘要】义务教育数学课程标准强调初中要发展学生的数感、符号感、空间观念、统计观念以及应用意识与推理能力，而高中强调发展学生的观察发现、归纳类比、空间想象、抽象概括、数据处理、演绎证明等。如何在新高考背景下，让高一学生顺利跨过这一"高台阶"，很值得探讨和深思。

【关键词】初高中数学；衔接教学；一体化策略

【基金项目】本文系广州市教育科学"十三五"规划 2018 年度立项课题"构建培养中小学数学核心素养的一体化策略研究——以石碁片区单元教学为例"（课题编号：201811751)的阶段性研究成果。

不少刚考上高中的学生都觉得高中数学很难、适应不了，其实难就难在初高中的衔接出现了"高台阶"，特别是对数学基础不扎实、方法不牢固、意志不坚定的学生来说，往往会失去学数学的兴趣，信心受到沉重打击。如何处理好初高中数学的衔接问题，很值得我们探讨和深思。

---

① 本文发表在中国基础教育类核心期刊《中小学教育》2019 年第 8 期。

一、初高中数学衔接的理论支撑

素质教育理论提到"智育工作要转变教育观念，改革人才培养模式，积极实行启发式和讨论式教学，搞好初高中数学教学的衔接，切实提高教学质量"。人本主义理论强调学习过程中人的因素，把学习者视为学习活动的主体，重视学习者的意愿、情感、需要和价值观。

国家新课程标准要求，高中教育要坚持面向全体学生，因材施教，充分发挥学生学习的自主性，使学生形成独立思考、自主学习的能力，发展创新精神和实践能力。因此，搞好初高中数学教学的衔接对于激发学生的主观能动性、发挥学生的主体作用、发展学生的能力有着积极的作用。

二、初高中数学衔接的现状分析

有的研究发现：教师对"衔接问题"比较重视，但对衔接内容的了解不乐观，对如何解决衔接问题没有针对性的措施，对衔接问题的认识、解决的措施及解决的效果在性别、学校类型、职称以及教龄上存在差异。有的提到为了去应对中考，许多初中老师会将本该深入讲解的内容削减，而这些内容恰巧又是高中学习所必须掌握的基础知识。

三、初高中衔接教学一体化策略

1. 做好思想教育，建立衔接教学意识一体化

做好思想教育是基础工作，也是首要工作。初中数学知识量小，数学思想的体现不明显，但高中数学学习的关键核心就是数学思想。教师可通过思想教育提高对衔接重要性的认识，增强紧迫感，使学生清楚初高中存在的本质区别。

2. 做好分析研究，建立衔接教学方法一体化

(1)研究教材。现行初中教材进行了较大幅度的调整，难度和深度大大降低了，一些高中常用的知识都转移到高一补充学习，高中一开始就起点高、难度大、容量多。

(2)研究教法。初中数学教学知识量少，进度较慢，容易造成重知识轻能

力，重局部轻整体。高中要求高，教学进度快，知识信息广，题目难度加深，容易使学生产生学习障碍。

(3)研究学生。在初中数学教学中，教师讲得细，类型归纳得全，反复练习，不需要独立思考，也不需要对规律进行归纳总结。而高中学习要求学生勤于思考，善于归纳总结规律，掌握数学思想方法，做到举一反三、触类旁通。

3．优化课堂设计，建立衔接教学目标一体化

教学中应从高一学生实际出发，采用低起点、小梯度、多训练、分层次的方法，将教学目标分解成若干层次逐层落实。能与初中知识点结合的话，应充分引导点拨，先落实"双基"，后变通延伸，用活、拓宽课本。

4．加强新旧联系，建立衔接教学能力一体化

在讲授新知识时，有意引导学生联系旧知识，复习和区别旧知识。高中能力要求为"灵活运用和综合利用，能准确叙述、表达对问题的解答过程"[1]。在思维上，初三一升上高中，则经历着由经验型向理论型转化，过渡到抽象思维、逻辑思维、发散思维，这就要认真分析学生能力上的不足，切忌随意拔高。

5．重视情感激励，建立衔接教学评价一体化

教师应充分调动学生学习的热情，培养学习兴趣。在起始阶段可设置有趣的题目，将数学和生活联系起来，从数学的功效和作用、对人的发展和生活需要的高度帮助学生认识学习数学的重要性和必要性。在评价学生时，可采用绝对评价法、相对评价法、激励评价法等多种评价方法，对不同层次的学生采用不同的客观标准，捕捉学生的闪光点和成功之处进行导评，以便满足学生最佳心理需要，调动其学习积极性。

在教学中只有切实做好了初高中的衔接教学，才能使学生尽快适应新的学习模式，从而更高效、更顺利地接受新知识。新时代教师要积极研究教材、研究教法、研究学生，不断探讨教学规律，设法在数学思想、学习方法、能力品质和学生评价等方面实现衔接教学一体化，为提高课堂教学质量而努力。

---

① 孙立娟. 初、高中数学衔接教学的体会[J]. 考试周刊，2010(46)：52-53.

参考文献

[1]张永金. 初、高中数学衔接教学的实验与研究[C].《教师教学能力发展研究》科研成果集（第十六卷）：16.

[2]邵晶晶. 课程标准下初高中数学教学衔接问题的调查研究[D]. 石家庄：河北师范大学，2012：9.

[3]单雄. 初高中数学衔接教学的思考[J]. 中华少年（研究青少年教育），2013(7)：5.

[4]李益民. 初高中数学新教材教学衔接的几点建议[J]. 教学与管理，2010，2：60-61.

走班制背景下小初高衔接一体化的思考与实践①

周日桥　彭朝晖

【摘要】新高考制度打破了传统教学管理模式，取而代之的是选课走班，国家分别对小学、初中、高中三个阶段制定了培养目标，主要从德、智、体、美、劳等方面做出具体要求。探索小初高一体化教育是促进均衡发展的重要实践，是缓解衔接适应的有效举措，减轻小升初、初升高的过渡压力，有利于发挥出"1＋1＞2"适应新高考的教育效益。

【关键词】走班制；小初高衔接；一体化

【基金项目】本文系广州市教育研究院 2018 年度教育政策研究课题"新高考背景下高中走班制管理的策略研究"（立项编号 ZCYJ18079）阶段性研究成果、广州市教育科学"十三五"规划 2018 年度立项课题"构建培养中小学数学核心素养的一体化策略研究——以石碁片区单元教学为例"（课题编号：201811751）阶段性研究成果。

新高考打破了以往的教学方式，取而代之的是选课走班，一是上海走班：

———————

① 本文发表在中国基础教育类核心期刊《中小学教育》2019 年第 12 期。

将语文、数学、外语作为必考，从思想政治、历史、地理、物理、化学、生命科学 6 门学科中任选 3 门；二是浙江走班：将语文、数学、外语作为必考，从思想政治、历史、地理、物理、化学、生物、技术 7 门学科中任选 3 门，学校分设选考班和学考班进行走班教学。

国家分别对小、初、高三个阶段制定了培养目标，可实际的教学自成体系，衔接不强，教师之间缺乏交流；在教学内容和评价等方面出现重复、脱节等问题，导致资源严重浪费。探索小初高一体化教学是促进均衡发展，缓解小升初、初升高压力，减轻过重课业负担，"发挥'1＋1＞2'社会效益和产生'1＋1＜2'运行成本"的重要实践。

一、内容衔接一体化

据调查研究，各地在教育改革和发展上，存有"碎片化"倾向。小、初、高各自为政，相互分离，造成在教育目标、教学任务、教学方法、教学评价等方面缺乏衔接。例如，在教材方面，只重视纵向的知识联系，忽略了横向的知识联系；教材内容贫乏，缺乏难度，没有反映科技发展的最新成果，难以引起学生的学习兴趣，有的科目存在内容重叠、知识脱节的现象。

二、课程衔接一体化

不少学生在小升初或初升高后学习跟不上，信心受影响，实行课程衔接一体化将有利于缓解这种现象。在课程设计上要充分体现：一是关注学生情感，提高人文素养；二是重视共同基础，构建发展平台；三是提供多样选择，适应个性需求；四是优化学习方式，提高自主能力；五是完善评价体系，促进学生发展。在片区学校内要实施统一课程标准、统一教学计划、统一教学安排、统一教学进度，实现课堂教学组织实施一体化。

三、教研衔接一体化

根据学科特点或跨学科的资源整合，片区学校要充分创设教研平台，如 STEM 课程教研的交流研讨，统一开展单元集体备课，举办公开课、示范课、空中课堂等活动；全片区统一组织考试、统一质量分析，减轻课业负担；举办经验分享会，逐步加强一体化的教育教学研究；加强本土化、本地化的校本教研，一要建立校本培训小组，完善组织、管理机制；二要分组、分批次轮流培训，突破硬件环境、小初高学段限制；三是开展多样化培训活动，促进培训内容与教学实践相结合，提高教师专业素养。

四、课堂教学一体化

一体化课堂常采用"问题一体化"的教学方式，通过一系列的问题对学生进行启发诱导，充分调动学生的积极性和主动性。通过问题线索引领学生思维，逐层推进、逐层展开。"问题一体化"是研究性学习与讨论式教学的双向学习进程，很好地培养了学生的全面素质和关键能力。

五、教学评价一体化

教育教学是一项系统性工程，影响教育教学质量的因素多种多样且相互作用。一体化教学更加关注和体现学生的主体作用，对质量的考核通常采用综合考核方式，由学生评议、同行评价、教师自评、行政评价和督导评价五部分构成。在一体化教学中，学生不仅是教学活动的参与者，更是教学活动的主体，他们自始至终参与教学的全过程，各类比例通常为 25％、20％、15％、10％、30％，充分体现代表性、客观性和全面性。

六、专业发展一体化

片区学校要落实小初高学校校长、教师专业标准，确定专业发展规划，有条件的进行一体化培训和学科研讨，让教师之间正常合理流通，相互学习、相互影响，让每一个教师与不同阶段的学生有效沟通，有利于因地制宜、因材施教。

教学质量是学校的生命线，教学工作是学校的中心工作和轴心工作。在新高考背景下，选课走班逐渐成为新常态，许多新问题值得思考和探索。在新时代教育理念的引领下，唯有在实践中探索、在探索中奋进。

参考文献

[1]陈柏良.选课走班制下学校教学管理探索：以浙江省绍兴市高级中学改革为例[J].中小学校长,2017(04)：55-57.

[2]闫贵荣.高职院校"教学做一体"教学模式：本质、课程范畴、实践与探索[J].国内高等教育教学研究动态,2017(5)：35-38.

[3]张学亮,段争光.教育信息化视角下教学做一体化模式探索[J].芜湖职业技术学院学报,2017,19(3)：1-3.

[4]王辉.教学管理与学生管理一体化问题研究[J].教育学文摘,2016(07)：13.

教育均衡视域下中小学数学一体化教学探究[①]

马志强　周日桥　李伟　李新茂

【摘要】2018 年 PISA（programme for international student assessment，国际学生评估项目的缩写）结果显示校际均衡程度仍显不足,专家认为从学科视角进行探讨有助于奠定坚实的理论基础。《教育部关于全面深化课程改革落实立德树人根本任务的意见》提到要"建成高校、中小学各学段上下贯通、有机衔接的课程体系"。中小学数学一体化教学立足小、初、高的有效衔接,以有密切相关的内容板块为载体,以倒逼"高学段的入口作为低学段的出口"为培养思路,以科研带动教研提升教学为有效途径,创设"学生喜欢"的教学生态,领悟数学的神奇之"美"。

【关键词】教育均衡；中小学数学；一体化教学；数学之"美"

【基金项目】本文系广东省教育科学"十三五"规划 2019 年度重点立项课题"'基道育人'理念推进区域教育优质均衡发展的实践研究"（项目编号：2019ZQJK001）、广州市教育科学"十三五"规划 2018 年度立项课题"构建培养中小学数学核心素养的一体化策略研究"（项目编号：201811751）、2017 年广

---

①　本文发表在教育类优秀期刊《考试周刊》2020 年第 52 期。

州市教学成果培育"基于学习分类理论的数学教学设计"（项目编号：M2017A002）阶段性研究成果。

《国家中长期教育改革和发展规划纲要（2010—2020年）》提出"要提供丰富的优质教育资源，实现教育均衡发展"。但是，2018年PISA结果显示，四省市校际均衡程度仍显不足。《教育部关于全面深化课程改革落实立德树人根本任务的意见》提到要"建成高校、中小学各学段上下贯通、有机衔接、相互协调、科学合理的课程教材体系"。

基于这些改革要求，本文将小、初、高的数学教学一体化作为一个新的探索与尝试。现实教学中也经常听到大学教师埋怨高中教学，高中教师埋怨初中教学，初中教师埋怨小学教学，究其原因，在于教材知识的断层或重复。重复的部分又让教师常常感到不够透彻甚至误导，断层则需要让学生补全知识技能才能进入下一阶段的学习，影响了学时计划。人们常说数学是"美"的，但究竟"美"在何处？很多人往往不明所以。数学的"美"不同于现实中的"美"，它以一种抽象方式存在于数学知识之中，这就需要教师透过表象深挖蕴藏在数学知识背后的"美"，提升学生对数学的鉴赏能力。希望从小学开始就对学生进行数学美的熏陶，避免一些形式上热闹，实际上离题万里的教学活动，使课堂在充满思辨的过程中展现数学之"美"。

一、倒逼：寻找数学知识的跳跃，感悟内容衔接之美

新高考倒逼教学改革，教学水平是基础教育发展水平的重要标志和影响因素。小、初、高的数学教学一体化衔接，可以以有密切相关的内容板块（如统计、函数等）为载体，进行教学内容一体化的实践研究。指导思路是以高中的入口作为初中的出口，以初中的入口作为小学的出口。

一体化教学是以培养问题意识、数学思维、应用能力等为目标开展的教学设计方式。这是站在高学段的视角，思考低学段的教学设计，针对教学内容提炼出一个核心问题，以问题为主线，使新旧知识连接、上下年级衔接得更加紧凑，问题环环相扣，逐层推进。如在教学有关"统计"内容的时候，教师要清晰"统计"是贯穿小、初、高所有学段的内容，通过研究发现（以人教版

课本为例）：小学一至六年级分别为"分类与整理""数据收集与整理""统计"
"条形图统计""统计""扇形统计图"及"概率与统计"；初中七至九年级分别为
"数据的收集""整理与描述""数据的分析""概率初步"；高中为"统计""统计案
例"等。

二、变化：突破数学思想的飞跃，领悟思想方法之美

教育家 G. 波利亚说："一个专心认真备课的教师能够拿出一个有意义的
但又不太复杂的题目去帮助学生发掘问题的各个方面。"一体化教学就是从多
角度、全方面挖掘教学问题的内涵和价值，把问题逐步发展或延伸，成为一
体化教学构建的一种形式。

如在讲授九年级"相似三角形的周长和面积"中：

例 1　如图 34，在 $\triangle ABC$ 中，$DE \parallel BC$，$AD = 3DB$，$\triangle ABC$ 的面积为
48，求 $\triangle ADE$ 的面积。

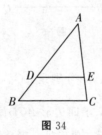

图 34

不少教师在讲解完这个例题后，可能都会马上让学生进行练习，其实这
样对学生一体化思维的训练是很不够的，不妨进行以下探究。

探究 1：求 $S_{四边形BCED}$。首先打破学生求平等四边形面积的常规思路，适
时进行学生逆向思维的培养。

变式 1：（2018 广西贵港）如图 35，在 $\triangle ABC$ 中，$EF \parallel BC$，$AB = 3AE$，
若 $S_{四边形BCFE} = 16$，则 $S_{\triangle ABC} = ($　　$)$。

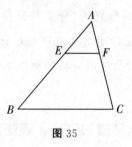

图 35

A. 16   B. 18   C. 20   D. 24

探究 2：如图 36，若将 DE 倾斜，情况会怎么样呢？通过图形的动态探究引发学生思考，这样很自然就过渡到了变式 2，让思维训练更有系统性。

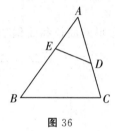

图 36

变式 2：如图 36 所示，D、E 分别是 AC、AB 上的点，$\dfrac{AE}{AC} = \dfrac{AD}{AB} = \dfrac{3}{5}$，已知 $\triangle ABC$ 的面积为 100 cm^2，求四边形 $BCDE$ 的面积。

探究 3：若将 DE 平移到原三角形外，形成漏斗形，继续进行思维的拓展训练。

变式 3：

(1)如图 37，$DC /\!/ BE$，$BE : CD = 3 : 2$，$S_{\triangle BEF} = 4$，求 $S_{\triangle CDF}$。

(2)如图 38，$DC /\!/ BE$，过点 D 作 $DA /\!/ CB$，交 EB 延长线于点 A，$BE : CD = 3 : 2$，且 $S_{\triangle BEF} = 4$，求 $S_{四边形 ABFD}$。

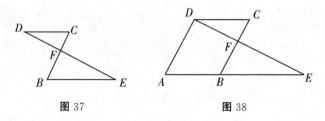

图 37   图 38

（3）（2018 江苏崇明）如图 39，在平行四边形 $ABCD$ 中，点 E 在边 DC 上，$DE:EC=3:1$，连接 AE 交 BD 于点 F，则$\triangle DEF$ 的面积与$\triangle BAF$ 的面积之比为（　　）。

A. $3:4$　　　　B. $9:16$　　　　C. $9:1$　　　　D. $3:1$

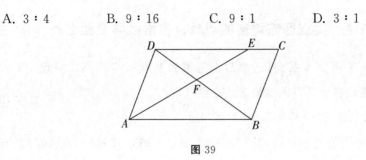

图 39

探究 4：若连接 BD，并使 $BD\perp BE$，情况又会怎样呢？（旋转）

变式 4：如图 40，将一副三角板按图叠放，求$\triangle AOB$ 与$\triangle DOC$ 的面积之比。

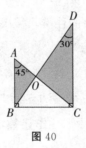

图 40

这样，通过一体化教学的探究与训练，对一些讲不清"究竟是怎样想出来的""只可意会，不可言传"的思路有了较深入的探寻，让一些玄妙的解法在课堂上自然地"生长"出来。

三、体验：创造素养培育的跨越，醒悟学习能力之美

《2019 年全国高考试题评析》的一个核心内容是"以学科素养为考查中心，彰显价值引领、素养导向的命题理念"，考核学生"应对生活实践问题"与"应对学习探索问题"的综合能力。

例如，2019 年全国理科数学 I 卷选择题第 4 题的应用背景是断臂维纳斯、第 6 题是《周易》中的"卦"，填空题第 15 题是篮球决赛规则，解答题第 21 题

是新药试验等，都是以实际的生活实践为背景，而且这一比例（在当年高考中共 27 分，占 18%）是相当高的。所以在教学中，尤其要创设"生活实践问题"和"学习探索问题"，让学生具备与高级阶段学习相一致的学习能力。

四、科研：实现区域均衡的超越，省悟数学专业之美

《中国高考评价体系》将选才需求与素质教育有机连通，实现"招—考—教—学"全流程各个环节无缝衔接、良性互动。

1. 积极构建"三个阵地"的培养机制

教育均衡发展要积极构建由"高校培训、区域培训和校本培训"融合的一体化培养体系。高校为主导、为专业培养主阵地，区域与校本培训作为实践基地，有针对性、学科化、专业化构建大中小学密切合作的教育共同体，实现教师专业一体化发展。

2. 积极拓展"科研导向"的培养领域

教师专业发展好比一首歌曲的伴奏，需要前奏的引导、间奏的过渡和尾奏的升华，才能奏出"华美的乐章"。

专业学习是"前奏"。专业理论学习为教学提供了可靠的理论支撑和方法指导。教学研讨是"间奏"。要成为"学生喜欢"的优秀教师，教学研讨是不可或缺的。科研写作是"尾奏"。科研写作让数学教师的教学智慧与思想得以升华。

3. 积极探索"教—学—评"一体化教学模式

一体化教学的前提是要明确教学目标，通过问题驱动引导学生自主思考。

"从实践中来，到实践中去"是概念教学的重要原则，关注抽象与具象。例如，讲授等比数列时，要渗透《庄子·天下篇》中"一尺之棰，日取其半，万世不竭"等文化内涵。又如在求 $y=\sqrt{2x-3}+\sqrt{7-2x}$ 的最大值时，很多学生摸不着头脑，若在平时多培养学生的建模能力，情况就大不一样了。

解：依题可设 $\boldsymbol{a}=(\sqrt{2x-3},\ \sqrt{7-2x})$，$\boldsymbol{b}=(1,\ 1)$，

构造函数 $y=\boldsymbol{a}\cdot\boldsymbol{b}=\sqrt{2x-3}+\sqrt{7-2x}\ (\frac{3}{2}\leqslant x\leqslant\frac{7}{2})$，由向量性质 $\boldsymbol{a}\cdot\boldsymbol{b}$

$\leqslant|\boldsymbol{a}||\boldsymbol{b}|$ 得

$(\sqrt{2x-3}\,)\times 1+(\sqrt{7-2x}\,)\times 1\leqslant 2\times\sqrt{2}$，即 $y\leqslant 2\sqrt{2}$，当且仅当 $\sqrt{2x-3}$ $=\sqrt{7-2x}$ 时，即 $x=\dfrac{5}{2}$ 时，$y_{max}=2\sqrt{2}$。

以上思路正是采用了一体化教学的有效方式，启发学生自主思考、合作交流，训练了发散思维，将向量、不等式与函数有机结合起来，解法奇妙。此外，要重视数学文化的渗透。历年的中考、高考试题都有不少数学史、数学文化的考查，同时也是让学生喜欢数学的有效途径。

中小学数学一体化教学就是将知识的理论和实践融合在一起，以高位目标为倒逼思路，以科研带动教研为有效途径，积极创设"学生喜欢、教师幸福"的教学生态，通过数学文化的华丽外衣，领悟数学思维的神奇之"美"。

参考文献

[1]黄崴，贾汇亮，苏娜.区域教育发展：均衡·优质·个性[J].教育导刊，2008（3）：12-14.

[2]中华人民共和国教育部.普通高中数学课程标准(2017年版)[S].北京：人民教育出版社，2018：5.

[3]李国林.基于核心素养培养的复习课教学初探[J].高中数学教与学，2019(10)：25-27.

[4]王娟利.数学教师专业成长"三部曲"[J].中学数学，2019(10)：96-97.

[5]谢红雨，伊继东.地理空间视角下我国区域教育发展差异研究[J].学术探索，2013(6)：145-146.

[6]金家新，黄廷美.论区域教育均衡发展视域下的教师专业化发展[J].石河子大学学报(哲学社会科学版)，2011(4)：104-105.

高中数学教师专业素养"1＋2＋3"培养模式探究①

周日桥

【摘要】数学教育承载着落实立德树人根本任务的功能,《中学教师专业标准(试行)》从专业理念与师德、专业知识、专业能力三个维度提出了教师专业发展的基本要求,高中阶段要承受考试制度和升学任务的压力,职业倦怠现象日益明显。本文从帮助城乡接合部一线教师专业发展的角度出发,构建专业素养"1＋2＋3"培养模式,让教师在专业发展上拥有更多的获得感。

【关键词】数学教育;教师专业素养;"1＋2＋3"培养模式;数学魅力

【基金项目】本文系广东省教育科学"十三五"规划 2019 年度重点立项课题"'碁道育人'理念推进区域教育优质均衡发展的实践研究"(项目编号:2019ZQJK001)、广州市教育科学"十三五"规划 2018 年度立项课题"构建培养中小学数学核心素养的一体化策略研究"(项目编号:201811751)阶段性研究成果。

数学教育承载着落实立德树人根本任务的功能,《中学教师专业标准(试行)》提出了"以人为本,师德为先,能力为重,终身学习"的基本理念,从专业理念与师德、专业知识、专业能力三个维度提出了教师专业发展的基本要求。教师被称为"人类灵魂的工程师",社会对教师给予了崇高赞誉的同时也给了教师莫大的责任和期待。高中阶段要承受考试制度和升学任务的压力,职业倦怠现象日益明显。近年来,通过深入课堂听课、师生访谈等方式了解到,作为城乡接合部的 Q 片区课堂教学,与中心城区的教学水平、教学效益、教学手段等方面还存在明显的差距。如何帮助一线教师提升专业水平,让教师拥有更多的获得感和幸福感,这是很值得探讨的一个问题。

---

① 本文发表在中国学术期刊《数学教学通讯》2020 年第 30 期。

一、教师专业素养的含义

《汉书·李寻传》提道："马不伏历,不可以趋道;士不素养,不可以重国。"《上殿札子》也提及"气不素养,临事惶遽"。学者富勒指出:"教师的发展历程遵循这样的发展规律,首先是看重教师的知识和技能,其次是对教学任务的思考,最后是关注学生的学习和通过教育活动对学生产生的影响。"[①]

笔者认为,数学教师的成就高低取决于其自身的专业素养,数学教师专业素养是指教师为顺利完成教育教学任务所应具备的数学素养、教育教学技能、情感态度与数学观等素养。具体来说,应该包括以下内容:一是熟练掌握数学学科知识、数学文化、数学发展史,并对整体结构能深入理解的素养;二是能科学、准确、简练地表达数学思想,能借助数学思想、数学哲学来正确认识世界的素养;三是有较强的问题解决能力,能对遇到的数学问题主动探索寻求答案的素养;四是通过数学建模,应用数学知识对现实的现象进行数学化解释的素养。

二、教师专业素养培育的现实需要

1. 适应新高考考查素养立意的需要

面向未来的新高考考什么?如何考?其价值取向是什么?作为数学学科,那就是考数学素养,也就是要考理解、考探究、考问题解决。

例1　2010 年全国高考(广东卷)理科数学第 21 题(14 分):设 $A(x_1, y_1)$, $B(x_2, y_2)$ 是平面直角坐标系 xOy 上的两点,先定义由点 A 到点 B 的一种折线距离 $\rho(A, B)$ 为 $\rho(A, B) = |x_2 - x_1| + |y_2 - y_1|$。对于平面 xOy 上给定的不同两点 $A(x_1, y_1)$, $B(x_2, y_2)$,(1)若点 $C(x, y)$ 是平面 xOy 上的点,试证明:$\rho(A, C) + \rho(C, B) \geqslant \rho(A, B)$;(2)在平面 xOy 上是否存在点 $C(x, y)$,同时满足①$\rho(A, C) + \rho(C, B) = \rho(A, B)$,②$\rho(A, C) = \rho(C, B)$。若存在,请求出所有符合条件的点;若不存在,请

---

① 陈道坤. 教师专业发展[M]. 南京:南京大学出版社,2021:255.

予以证明。

这个压轴题对当年的考生而言就是一个能真正检测其数学素养的问题。此题已被《普通高中数学课程标准》(2017 年版)作为案例 23，用于说明如何考查数学核心素养。所以，教学中尤其要着重加强学生对数学素养的培育。

2. 促进 Q 片区教师专业发展的需要

Q 片区是城乡接合部，有一所市示范性高中、一所镇属完全中学，有 43.2% 的来穗子女，高中师生比为 1∶11.4，学科师生比为 1∶91；教师本科、研究生学历占比各为 88%、12%；中、高级职称占比各为 64%、32%；各类名师占 36%。据调查，24.32% 的教师未参加过课题研究，35.61% 的教师只参加过校级课题研究；42.75% 的教师未深入研究教材；不少教师不重视学生素养（素养能力检测结果为 29.72%）和学习能力（学习能力分析结果为 32.35%）的培养；中青年教师每学期听课在 20～30 节的只有 12.67%，听课在 30～40 节的仅有 3.09%；认可科研工作能提升教学质量的占 77.53%，能促进专业发展的占 65.16%；3/4 的教师认为专项培训缺乏研制和开发。基于此，构建专业素养"1＋2＋3"培养模式就显得尤为重要。

三、教师专业素养培育的模式探究

专业素养"1＋2＋3"培养模式中的"1"是指一个目标：以"专业发展"实现"教师幸福"；"2"是指两个保障：培养制度保障和培训资源保障；"3"是指三个融合：课堂教学与评价体系相融合、教学研讨与科学研究相融合、专项培训与专业发展相融合。笔者认为，专业素养"1＋2＋3"培养模式是以"引领教学、提升质量、服务发展"为重点，最大限度地促进片区数学教师专业水平的快速发展，其探究路径如下。

1. 构建"四位一体"，统一培养思路

专业素养"1＋2＋3"培养模式的培养思路就是将高中数学教学、教研、科研和培训"四位一体"进行一体化培养，它们的逻辑关系是："教学"是目的，通过"学生喜欢"的数学教学提高课堂质量；"教研"是手段，通过问题驱动实现教学目标的高效达成；"科研"是方法，通过科学研究促进教师专业能力的提升；"培训"是路径，通过专题培训激发教师内驱力，更好地为教学服务。也就是说，教学中遇到的问题由教研解决，教研的困惑由科研突破，科研的弱项由培训补强，"教学—教研—科研—培训"环环相扣、层层推进，达到教师专业素养一体化培育的实践效果。

2. 学习教育理论，明晰培养方向

国际数学教育研究和促进委员会指出："这是一个充满数学的世界，数学全面渗透进生活的每个角落，要想理解这个世界，对人们而言尤为重要的是理解数学，知道什么时候应该使用数学以及怎样使用。"[①]所以，教师要加强理论学习，研究数学教育的规律和特性，多渠道接受高层次培训，坚持"用数学"的理念，顺应学生的心理特征，由易到难呈现螺旋上升的特点；多层次培养学生的理性思维和数学素养，重视"数学的生活化"和"生活的数学化"，让每位教师都清晰专业发展的成长方向。

3. 发挥团队作用，强化常规要求

专业素养是影响质量的重要因素，Q 片区注重"1＋2＋N"教育共同体建设，充分调动教研组、毕业班备课组、跨校联合组的团队力量，坚持"以生为本"的教育理念，坚持把读懂学生、分析学情落到实处，发挥同伴互助"1＋1＞2"的影响效应。重视有效抓好常规教学，重点做好以下工作：一是提升教学设计和实施能力；二是提升教学案例的分析能力；三是提升信息技术的使用能力；四是提升数学教育研究的能力。在日常教学中，强化"学生为主体、教师为主导""方法重于知识""能力高于分数"的意识，以"教学相长"促进效益最优化，达到"凡为教者必期于达到不须教"。

4. 注重名师引领，促进反思提高

培养数学专业素养是一个复杂的系统工程，这需要研究者在名师专家等的引领下，遵循教育规律和数学哲学，通过积极思考和努力钻研，不断探究数学知识的本质和内涵来实现。课程标准指出，"四基"是培养学生数学学科核心素养的沃土，是发展学生数学学科核心素养的有效载体。为了培养学生

---

① 朱黎生. 指向理解的小学"数与运算"内容的教材编写策略研究[J]. 西南大学学报，2013(10)：393.

的数学学科核心素养，数学教师必须提升自己的"四基"水平，提升数学专业能力，自觉地养成用数学的眼光发现和提出问题、用数学的思维分析和解决问题、用数学的语言表达和交流问题的习惯。数学教师可以通过以下方面来提升自己的数学素养。

（1）把握高中数学的四条主线脉络，理解知识之间的关联。

（2）发掘数学核心概念的本质，明晰什么是数学的通性通法。

（3）理解与高中数学关系密切的高等数学的内容，能够从更高层次的观点理解高中数学知识的本质。例如，通过运算法则理解初等函数，通过样本空间和随机变量理解统计与概率等。

（4）理解数学知识产生与发展过程中所蕴含的数学思想，能够通过实例理解和表述数学抽象与数学的一般性、逻辑推理与数学的严谨性、数学模型与数学应用的广泛性之间的必然联系，具有在数学教学中渗透数学基本思想的意识和能力。

数学教师专业素养"1＋2＋3"培养模式的应用价值体现在：促进教师教育理论和教学实践的有效结合，促进科研和教学的深度融合，帮助教师用研究的思维和方法解决数学教学问题，提升教师的专业智慧、专业能力和专业素养，真正让数学教师成为新课改的"传播者"、教学改革的"实践者"、教育科研的"研究者"、数学专业的"引领者"，促进教学质量的快速提升和片区教育的优质均衡发展。

参考文献

[1]中华人民共和国教育部.普通高中数学课程标准(2017年版)[S].北京：人民教育出版社，2018：28.

[2]何小亚.2016年数学高考全国I卷的认知分析和备考及命题建议[J].中学数学研究(上半月)，2016(10)：53.

[3]周日桥，陈伟达."荟美"课堂教学理论与实践[M].武汉：武汉大学出版社，2019：222.

[4]彭朝晖，周日桥，李伟."荟美"课堂实践：数学学科一体化探索[M].广州：华南理工大学出版社，2019：46.

[5]彭朝晖，周日桥，等. 教育均衡视域下教师专业发展一体化实践研究[J]. 中小学学校管理，2019(10)：14.

[6]叶澜. 教师角色与教师发展新探[M]. 北京：教育科学出版社，2001：265-267.

[7]闵友渔. 促进农村普通高中年轻数学教师专业发展的策略[D]. 成都：四川师范大学，2016.

中小学数学一体化教学的探索与实践①

周日桥　李新茂

【摘要】"新质量时代"，以分数指标等判断教学效果已成为过去，教学中经常听到高学段教师埋怨低学段教学，究其原因，在于教材中不少知识的断层或重复，重复的部分又让教师感到不够透彻，断层则需要补全知识、技能才能进入下一阶段的学习。教学的境界取决于教师的眼界以及对数学理解的境界。如何在升学考试和培养素养之间取得某种平衡？中小学数学一体化教学或许可以在一定程度上解决这个问题，并将碎片化的知识有机整合起来，有效促进小升初、初升高的衔接教学。

【关键词】中小学数学；数学素养；一体化教学；数学之美

【基金项目】本文系广东省教育科学"十三五"规划 2019 年度重点立项课题"'碁道育人'理念推进区域教育优质均衡发展的实践研究"（项目编号：2019ZQJK001）、广州市教育科学"十三五"规划 2018 年度立项课题"构建培养中小学数学核心素养的一体化策略研究——以石碁片区单元教学为例"（项目编号：201811751）阶段性研究成果。

一、衔接一体化教学的探索路径

"以学生为中心"的教学理念认为学生不是被动接受者，而是知识意义的主动建构者和学习的主体，教师是意义建构的帮助者、促进者。"一体化"是

---

① 本文发表在省级优秀数学类学术期刊《数学学习与研究》2020 年第 13 期。

使各自相对独立的个体紧密衔接、互相配合，形成一个整体(大单元)。"一体化教学"是在系统论的引领下，采取大单元教学方式，注重相关知识体系的内涵建设，所产生的效果是"1+1＞2"，使学生的知识和能力固化为素质，转化为能力，提升为素养，有效地促进小升初、初升高的衔接教学。

(一)小学与初中的有效衔接探索

1. 加强研讨，打通小升初内容脱节的格局

在教师层面，中小学的教师联系很少，中学不清楚小学的教材内容和课程标准，小学不了解初中的知识结构和培养目标，造成了小、初教学明显脱节。在学生层面，小学生依靠教师进行学习，以记忆为主，缺乏自主思考。到了中学，学生需要独立思考、深入钻研，有更科学的学习方法。鉴于此，至少六、七年级教师需要系统地钻研中小学教材，加强中小学衔接意识，促进中小学研讨互动，做好中小学衔接教育。

2. 加强教育，打通小升初依赖过度的格局

从心理层面，小学生对家长和教师的依赖性很大，随着年龄的增长，初中生处于一个身心发展的阶段，表现出自尊有余而自信不足的普遍现象，有较强的求知欲，但缺乏独立能力，容易灰心丧气，属于典型的幼稚与成熟并存。所以，教师要充分关注学生的成长变化，对不同学段的学生既要尊重，又要加强教育，加强研究学生的心理变化，逐步减少他们的过分依赖。

(二)初中与高中的有效衔接探索

1. 强化意识，改变初升高跨度不适的格局

高中是求学阶段的一大转折点，是人生的一个新考验，能适应的则能保持稳步前进，适应不了的可能会从此一退再退。高中教学有容量大、难度大、速度快、要求高、系统性和综合性都很强等特点。虽然高中开设的不少章节与初中差不多，但知识量却要增加若干倍，如立体几何、解析几何、函数等，若跟不上，往往会出现"消化不良"或"负债"现象。

2. 心理疏导，打通初升高思维障碍

高中生随着知识的增多和学习经验的积累，身心发展日趋成熟，社会交往也越来越频繁，面临考大学或即将就业的压力，但由于社会经历尚浅，知识和经验不足，认识片面化，有强烈的独立欲望，角色的矛盾性对他们产生

了很大的思想冲击，导致自我同一性分裂，表现出很强的自尊心和叛逆心理，所以初高中教师要及时做好心理疏导，设计打破行为与心理障碍，为初升高的衔接做好充分的铺垫与指引。

二、衔接一体化教学的实践思考

(一)问题设计一体化，让教学内容无缝衔接

"问题设计一体化"是以培养问题意识、数学思维、应用能力等为目标开展的教学设计方式。

例如，小学、初中、高中都有的"统计"内容(图41)，知识既有联系又有不同，难度、能力要求逐年增大，如果小学教师能了解中学教学目标，中学教师能清楚小学、高中教学实际，多采用"问题设计一体化"的设计思路，不仅能减少知识的重复叠加，还能达到减负增效的目的，让学生获取更多的亲身体验与感悟。

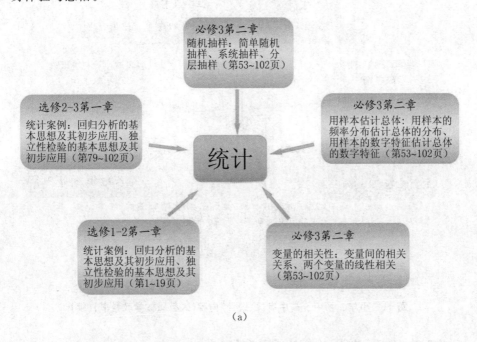

(a)

图41　小学、初中、高中有关"统计"内容(人教版数学教科书)

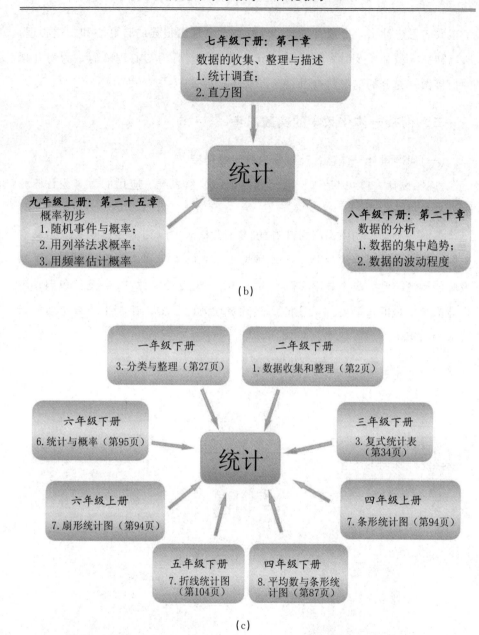

(b)

(c)

图 41 小学、初中、高中有关"统计"内容(人教版数学教科书)(续)

(二)教学做评一体化,让教学质量高效提升

心理学研究表明,学习效率与学习方式密切相关,学习两周后的情形如下:单纯听讲能记住 5%;以自己的方式能记住 10%;以声音、图片等方式能记住 20%；以他人示范能记住 30%；以小组讨论能记住 50%；以"做中学"或实际操作能记住 75%；以"教别人"或"马上应用"能记住 90%。"教学做是一件事，不是三件事。我们要在做中教，在做中学。"[①]陶行知先生的这一教育思想，很好地揭示了任何教学活动都是教学做统一的过程。在教学实践中，尤其要加强教学做评一体化整体(大单元)设计思路，打破各种束缚学生思维跨越升级的格局。

下面以人教 A 版选修 1-1 课本(2019)第 94 页例 4 为例加以表述：

变式 1：已知函数 $f(x) = \frac{1}{3}x^3 - 4x + 4$。(1)求函数 $f(x)$ 的单调区间和极值；(2)求函数 $f(x)$ 在 $[-3, 4]$ 上的最大值和最小值。

变式 2：已知函数 $f(x) = \frac{1}{3}x^3 - 4x + 4$。(1)若 $f(x) < m$ 在 $[-3, 4]$ 上恒成立，求 m 的取值范围；(2)若 $f(x) = m$ 在 $[-3, 4]$ 上有解，求 m 的取值范围；(3)若对任意的 $x_1, x_2 \in [-3, 4]$ 都有 $|f(x_1) - f(x_2)| < m$ 成立，求 m 的取值范围。

设计意图：通过不同的问题驱动，学生对导数的应用有了更为深入的探索，此式还可变为有三个解、两个解、一个解等，让思维训练层层递进、螺旋上升。

变式 3：已知函数 $f(x) = \frac{1}{3}x^3 - ax + 4(a > 0)$。(1)求函数 $f(x)$ 的单调区间和极值；(2)若对 $x > 0$，都有 $f(x) > -14$ 成立，求实数 a 的取值范围；(3)求 $f(x)$ 在 $[0, 2]$ 上的最小值。

设计意图：通过变化，学生的数学一体化思维得到了充分的启发和训练，此式还可变为 $f(x) < \frac{5}{6}x^3 - 2ax + 12$ 恒成立，采用分离参数法较容易求解。

(三)思维培养一体化，让数学之美大放异彩

数学究竟"美"在何处？很多人往往不明所以。数学的"美"不同于现实中的"美"，它以一种抽象方式存在于数学知识之中，这就需要教师透过表象深

---

① 桑孟变. "学习金字塔"理论在高中数学教学过程中的应用[J]. 数学教学通讯，2021(27)：53-54.

挖蕴藏在数学知识背后的"美"，提升学生对数学的鉴赏能力。一体化教学是个很好的尝试，希望从小学开始就对学生进行数学美的熏陶，明确每一节课的目标，避免一些形式上热闹实际上离题万里的教学活动，使课堂在充满思辨的过程中展现数学之"美"。笔者认为，教师要注重以高阶的思维训练去倒逼思考低阶的数学问题。

例如，在高中数学课"数列求通项与求和的方法探讨"中，可做如下的一体化设计。

1. 求数列的通项公式方面

例1 (1)已知 $a_1=1$，$a_{n+1}=a_n+2$，求 a_n；(2)已知 $a_1=1$，$a_{n+1}=3a_n$，求 a_n。

显然，绝大部分学生很容易就可得出答案，并相当容易就归纳出分别是求等差等比数列通项的"公式法"。若在教学过程中稍做变化：

变式1：已知 $a_1=1$，$a_{n+1}=a_n+2^{n+1}$，求 a_n。

不同之处只是常数项加了指数变量 n，从而激发了学生的探究兴趣，通过思考发现相邻两项的差由原来的常数变成了与变量 n 有关，通过引导归纳得出 $a_{n+1}=a_n+f(n)$ 都可用作差法。于是我们又可倒回求等差数列前 n 项和的推导上来，已知 S_n 求 a_n，从而让学生对推导有进一步的理解，在此基础上进行下面的变式。

变式2：已知 $\frac{1}{2}a_1+\frac{1}{2^2}a_2+\frac{1}{2^3}a_3+\cdots+\frac{1}{2^n}a_n=2n+5$，求 a_n。或可与近几年的高考题结合起来，给学生一个高考实践的体验。若把加号变成乘号，情况又会怎样？

变式3：已知 $a_1=1$，$a_{n+1}=2^{n+1}a_n$，求 a_n。显然，用作差法是解决不了问题的，在这里点拨学生的思维就显得尤其重要了，充分利用类比思想推导得出 $a_n=f(n-1)a_{n-1}$ 都可用作商法。在此基础上还可进一步拓展。

变式4：$a_1=1$，$\forall n \geq 2$ 都有 $a_1a_2a_3\cdots a_n=n^2$，则 $a_3+a_5=$ _____。又可更上一层楼地得出 $a_1 \cdot a_2 \cdot a_3 \cdot \cdots \cdot a_n=f(n)$，也可用作商法。接下来，我们还可以在变量 a_n 前加个系数，又会发生什么变化呢？

变式5：已知 $a_1=1$，$a_{n+1}=3a_n+2$，求 a_n。

引导学生用前面提及的方法都难以解决，这就需要在学科核心素养的引领下培养学生的实践参与和审美情趣，从而得出如 $a_n = pa_{n-1} + q$，可采用构造法、待定系数法或迭代法。

若把原来的常数当成 a_n 的指数，情况又会怎样呢？（或引导学生做一些变化）

变式 6：已知 $a_1 = 2$，$a_{n+1} = a_n^2$，求 a_n。从含有指数转向已有整式，确实需要一番诱导技巧，同时也考查学生的数学基本素养，于是与前面的方法建立起求解联系，达到思维的回归。

有了这些方法做铺垫，还可进一步地渗透其他方法，如 $a_{n+1} = pa_n^r (p > 0$，$a_n > 0)$。

变式 7：已知 $a_1 = 3$，$a_n = \dfrac{3a_{n-1}}{3 + a_{n-1}} (n \geq 2)$，求 a_n。通过"取倒数法"得出 $a_{n+1} = \dfrac{pa_n}{a_n + m}$ 型（两边取倒数转化为 $a_n = pa_{n-1} + q$ 型）。

变式 8：已知 $a_1 = 1$，$a_n > 0$，$(n+1)a_{n+1}^2 - na_n^2 + a_{n+1}a_n = 0$，求 a_n。通过"因式分解法"求解。

2. 在数列求和方面

对于符合等差、等比定义的，学生也非常熟悉，直接用"公式求和法"进行解决。

最后，为了让学生学有所用，所学的方法得到实践，可以布置相关训练题目及时巩固。

中小学数学一体化教学为新质量背景下一线教师学习并落实新的课程标准提供了参考，该思路能有效整合跨学段的教学目标、教学内容、思想方法和学习策略，在"做中学""学中评"，以评促教，有利于学生数学素养的有效培育，既满足了学生的个性化需求，又提高了整体教学质量，进而促进学生数学素养的一体化培育。

参考文献

[1]彭朝晖，周日桥，李伟."碁美"课堂实践：数学学科一体化探索[M].广州：华南

理工大学出版社，2019.

[2]周日桥. 问渠哪得清如许，为有课本活水来[J]. 数学学习与研究，2011(17)：74.

[3]彭朝晖，周日桥. 高中"数列"单元教学的探究与应用[J]. 广东教育，2018(11)：46-47.

[4]周日桥. 对2018年高考数学全国卷Ⅰ的认知分析与单元一体化教学建议[J]. 中学数学教学参考，2019(9)：56-57.

[5]魏榕根. "教学练创"一体化教学模式的研究与实践[J]. 教育现代化，2018(27)：292.

[6]赵巍巍. "教学做一体化"课堂教学模式的研究与实践[J]. 中国现代教育装备，2015(21)：129.

中学数学"三课合一"单元教学一体化探索①

周日桥

【摘要】基于布鲁姆目标分类理论及系统论的观点，探索前言课、新授课和复习课"三课合一"单元一体化教学课型。以"前言课"的导定"新授课"的研，以"新授课"的研定"复习课"的拓，"复习课"又与"前言课"相呼应，系统构建，螺旋上升，让师生在互动中达到"学生喜欢、重点突破、素养提升、减负增效"的目的。

【关键词】三课合一；单元教学；一体化

【基金项目】本文系广州市教育科学"十三五"规划2018年度立项课题"构建培养中小学数学核心素养的一体化策略研究——以石碁片区单元教学为例"（课题编号：201811751）的研究成果。

基于布鲁姆"将目标分类使得陈述的单元目标、单元的教学方式以及如何

---

① 本文发表在全国优秀科技（人大复印资料重要来源）期刊《中学数学（高中）》2020年第17期。

对学生进行测评这三者之间的一致性"①的相关理论，随着新高考、新时代要求"减负增效"，因此探索出前言课、新授课和复习课"三课合一"单元一体化教学课型。达到对所学知识进行系统整理，使之"竖成线""横成片"，融会贯通②。

"三课合一"以学定教、以研促教、环环相扣，以"前言课"的导定"新授课"的研，以"新授课"的研定"复习课"的拓，"复习课"又与"前言课"相呼应，达到教与学逐层深入、螺旋式上升，让师生在互动中达到"学生喜欢、重点突破、素养提升"的目的(图 42)。

图 42

"三课合一"就是把一个单元内容作为一个整体来教学，将整体教学内容通过"前言课""新授课"和"复习课"的有效教学，形成各种课型之间优劣互补、相辅相成、系统推进(图 43)③。

---

① 洛林·W. 安德森. 布卢姆教育目标分类学：分类学视野下的学与教及其测评[M]. 北京：外语教学与研究出版社，2017：27.

② 赖艳，符英. 小学数学"四课合一"单元教学一体化设计原则[J]. 现代中小学教育，2016(10)：37-38.

③ 任聪丽. 高中数学复习课"五环节"课堂教学模式及其案例[J]. 中学教育科研，2017(35)：37-38.

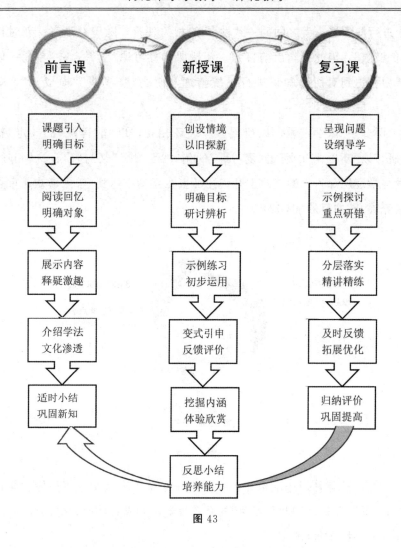

图 43

　　"三课合一"遵循单元内容统筹安排原则和三大课型各司其职原则。具体来说，前言课遵循整体性、承接性、开放性的文化导向性原则；新授课遵循过程性、针对性、发展性的思想探究性原则；复习课遵循高效化、系统化、最优化的能力创新性原则①。基于"高考是指挥棒"的导向作用，文中以高中为例，初中、小学也可参照于此运用到具体的教学实践中去。

――――――――――――

　　①　赖艳，符英. 小学数学"四课合一"单元教学一体化设计原则[J]. 现代中小学教育，2016(10)：37-38.

一、前言课谋篇布局作先锋

前言课是布鲁斯·乔伊斯等的《教学模式》[①]中第一阶段"获取任务初知"的具体体现。前言课又叫序言课、引言课、绪论课，是指在学习新课前，创设情景引领学生在数学花园里"游花看景"，对新知识进行一个引入和整体的把握，主要是包含"为什么学""学什么"和"如何学"三部分，内容包罗万象，有承上启下的作用，一般包括新知识的概括介绍、知识背景（数学史料、科学前沿等）、学习本章节新知的必要性及学习思想方法等。

前言课就是给学生建构一种科学的研究方法；渗透一种不断求索的思想意识；介绍一些妙趣横生的数学文化。考察近几年的高考数学试卷，对数学文化的渗透可见一斑，如 2019 年全国卷 I 理 4：

古希腊时期，人们认为最美人体的头顶至肚脐的长度与肚脐至足底的长度之比是 $\frac{\sqrt{5}-1}{2}$（$\frac{\sqrt{5}-1}{2}\approx 0.618$，称为黄金分割比例），著名的"断臂维纳斯"便是如此（如图 44）。此外，最美人体的头顶至咽喉的长度与咽喉至肚脐的长度之比也是 $\frac{\sqrt{5}-1}{2}$。若某人满足上述两个黄金分割比例，且腿长为 105 cm，头顶至脖子下端的长度为 26 cm，则其身高可能是

图 44

A. 165 cm　　　B. 175 cm

C. 185 cm　　　D. 190 cm

如果在前言课的教学中渗透了黄金分割、"断臂维纳斯"等有关内容，学生在考试中自然就淡定多了。

前言课教学还可以就教学内容、学生实际而有序扩展，增强前言课对各环节的统筹作用，设法将前言课所反映的数学思想、数学方法、数学文化、研究意识贯穿于教学、研究的全过程，充分体现单元教学一体化的系统性、优越性。

---

① 布鲁斯·乔伊斯，玛莎·韦尔，艾米莉·卡尔霍恩. 教学模式[M]. 兰英，等，译. 北京：中国人民大学出版社，2014：430.

二、新授课温故知新练本领

根据艾德加·戴尔的"学习金字塔"理论，不同的学习方法达到的学习效果不同，研究表明在两周之后，学生学习的方法不同，对知识的保持率也会不同，从 5%～90% 不等①。

因此，在新授课中要多创设学习合作方式，让学生运用所学互教互助，从而真正实现从知识到能力的转化。新授课常见的有如下三种。

1. 概念新授课

"如何教"一直是教育工作者关注的热点问题，在众多教育专家和工作者的研究实践中，数学概念教学形成了一些较常用的操作模式②。概念新授课指为了理解和掌握数学概念，应用新概念解答某类数学问题，并将新的知识运用于生活实践而进行的一种课型。通常分为情景引入—概念形成—概念深化。

2. 数学原理课

数学原理包括数学公理、定理、法则、定律、公式等内容，原理课通常是枯燥无趣的，"师生情"是打开学生的智慧闸门的一把钥匙。上好原理课要注意以下五个方面：①数学语言准确规范；②正确理解证明方法；③厘清结构内在关系；④了解掌握引申推广；⑤明确使用条件范围。

3. 方法新授课

"数学是一门富有活力的学科，它寻求理解遍及我们周围的物质世界以及我们思想中的各种模式。"③数学思想方法是基于数学知识又高于数学知识的一种隐性的数学知识④，探讨的最终目的是提高个体的思维品质和各种能力，提高个体的数学素养。例如，在知识形成阶段，可选用观察、实验、比较、分析、抽象、概括等抽象化、模型化的思想方法；在知识结论推导阶段和解题教学中可选用分类讨论、化归、等价转换、特殊化与一般化、类比等思想方法。让学生充分对话、思考、互动，在反复的体验和实践中逐渐认识、理解，

---

① 孙雪梅."学案导学"数学教学模式的探讨和应用[J].数学教学通讯，2007(05)：14-16.

② 林浩.用数学本原性问题驱动数学概念教学[D].金华：浙江师范大学，2007：96.

③ 张宏海.在中学数学教育中挖掘学生创造潜能[J].内蒙古师大学学报，2007(02)：34.

④ 王崇先.课堂教学中有效渗透数学思想方法的实践感悟：在少教学中领悟，在平等对话中内化[J].新课程（上），2015(08)：16-17.

内化为使个体掌握知识、形成能力和锻炼品质的着力点和出发点。

三、复习课提纲挈领育素养

奥苏贝尔教授提到"如果我不得不把全部教育心理学还原为一条原理的话，我将会说，影响学习的最重要的因素是学生已经知道了什么，要根据学生的原有知识结构进行教学"①。复习课正是基于这种想法，将知识集中归类、建立联系，设计出既简单又有意义题目，将学生引入一个知识、方法、思想都很丰富的数学世界。复习课常见有如下几种类型：

1. 习题练习课

"问题是数学的心脏"，习题课不仅要求学生得到正确的结果或结论，更要重视计算、推理、论证的过程，注重思维训练，让学生有所"悟"，如何"悟"？主要有以下方面：①考哪些基础知识？②每题的思维突破口在哪？③有哪些通性通法、本质规律？面向未来的新高考考什么？如何考？其价值取向是什么？作为数学学科，那就是考数学素养！也就是考理解、考探究、考问题解决②！

2. 综合复习课

根据建构主义，复习课的教学更应注重建立对学生有意义的知识体系、方法能力、拓展实践的综合建构，并思考如何让学生去自主建构知识结构，让学生在学习中主动发现、分析、思考、解决问题③。

复习课中一定要重视通性通法教学，使学生领悟常见思想方法。通过典型的综合例题，充分发挥学生的积极性和主动性，研究多种解法，挖掘潜在的数学内涵。另外，综合复习课内容设计应注重层次性，因材施教。首先要考虑基础知识、易错考点和简单运用得到适度的训练；其次是主干知识、重点难点、思维方法等得到应有的强化；最后是高考热点、综合运用、能力迁移等要有必要的深化。

---

①　林玉清. 关注学情，构建有效的数学课堂[J]. 小学科学(教师版)，2013(05)：27.

②　何小亚. 2016 年数学高考全国Ⅰ卷的认知分析和备考及命题建议[J]. 中学数学研究(上半月)，2016(10)：53-54.

③　汤晓春. 互联网背景下高中数学复习课优化教学实践[J]. 西南师范大学学报(自然科学版)，2017(08)：179-180.

3. 试卷讲评课

新课程标准指出，高中数学课程还应倡导自主探索、动手实践、合作交流、阅读自学等学习数学的方式，使学生的学习过程成为在教师引导下的"再思考""再生长""再创造"过程①。试卷讲评课是教学过程中必要且重要的环节，它是针对测试后反馈情况，通过讲解和评价向学生再反馈的一种课型，是对数学问题的再思考、数学思想的再生长、解题能力的再创造。

例如，在关于"恒过定点"②的评讲课中：
如图 45，已知圆 O 的直径 $|AB|=4$，定直线 l 到圆心的距离为 4，且直线 $l \perp$ 直线 AB。点 P 是圆 O 上异于 A，B 的任意一点，直线 PA，PB 分别交 l 于 M，N 点。试建立适当的直角坐标系，解决下列问题：

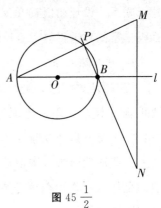

图 45$\frac{1}{2}$

(1) 若 $\angle PAB = 30°$，求以 MN 为直径的圆方程。

(2) 当点 P 变化时，求证：以 MN 为直径的圆必过圆 O 内的一定点。

通常可对此题做大胆的猜想，由圆改为椭圆，结论还一样吗？已知椭圆 $\dfrac{x^2}{25}+\dfrac{y^2}{16}=1$ 的左、右顶点为 $A(-5,0)$，$B(5,0)$，点 P 是椭圆上异于 A，B 的任意一点，直线 $l：x=\dfrac{25}{3}$，直线 PA，PB 分别交 l 于 M，N，求证：以 MN 为直径的圆经过椭圆的右焦点。

经过分析，答案是肯定的。是否还可改为双曲线或抛物线？答案也是肯定的。若条件允许，还可再由特殊推广到一般，这样就可形成单元教学的一体化，发挥提纲挈领的效应，给学生拓展充分思考的空间（答案仍然是肯定的），让学生深层次领略数学的独特魅力。

---

① 中华人民共和国教育部. 普通高中数学课程标准(实验)[S]. 北京：人民教育出版社，2003：5.

② 吕二动，耿妍. 恒过定点问题的再探索[J]. 中学数学研究，2017(12)：17-19.

素养立意下高中数学问题一体化导学的策略①

周日桥　李　伟　黄伟洪　董海燕

【摘要】数学教育承载着落实立德树人根本任务的功能，高考数学试题考查"必备知识、关键能力、学科素养、核心价值"，注重"基础性、综合性、应用性、创新性"，由能力立意转向素养立意。问题导学策略正是基于素养立意的教学需要，将课堂的"教"转变为"导"，以问题引导学生主动探索，提升数学素养。

【关键词】素养立意；高中数学；问题导学；思维品质

【基金项目】本文系广州市教育科学"十三五"规划 2018 年度立项课题"构建培养中小学数学核心素养的一体化策略研究"（项目编号：201811751）、2019 广州市番禺区教育教学成果重点培育项目"'綦美'课堂教学理论与实践"阶段性研究成果。

数学教育承载着落实立德树人根本任务的功能，高考数学命题坚持以"立德树人、服务选拔、引导教学"为核心，考查"必备知识、关键能力、学科素养、核心价值"，注重"基础性、综合性、应用性、创新性"，高考试题已逐渐由能力立意转向素养立意。

一、素养立意的高考评价体系

面向未来的新高考考什么？如何考？其价值取向是什么？《中国高考评价体系》给出了全面的回答，通过解决"为什么考、考什么、怎么考"的问题，从高考层面对"培养什么人、怎样培养人、为谁培养人"这一教育根本问题给出了回答。作为数学学科，就是考数学学科素养，也就是考理性思维、考数学

---

① 本文发表在中国学术期刊《数理化解题研究》2021 年第 18 期。

应用、考数学探究、考数学文化。理性思维在数学素养中起着最本质、最核心的作用，其核心就是思维品质的培养。如何提升学生的数学学科素养，笔者以为问题导学策略是一个很好的选择。

二、问题导学策略的教学实践

问题导学策略的核心是将课堂教学的"教"转变为"导"。通过情境问题的设置，课堂活动围绕问题展开，引导学生发现问题、提出问题、分析问题及解决问题，并在此过程中提升数学核心素养，提升思维的品质。思维品质反映了每个个体智力或思维水平的差异，主要包括深刻性、灵活性、创造性、批判性等方面。

1. 对比分析，培养深刻思维

深刻性是指思维活动的抽象程度和逻辑水平，涉及思维活动的广度、深度和难度。思维的深刻性集中表现为在智力活动中深入思考问题，善于概括归类，逻辑抽象性强，善于抓住事物的本质和规律，开展系统的理解活动，善于预见事物的发展进程。

例1 （2020 全国Ⅰ理6）函数 $f(x)=x^4-2x^3$ 的图像在点 $(1, f(1))$ 处的切线方程为（　）。

A. $y=-2x-1$　B. $y=-2x+1$　C. $y=2x-3$　　D. $y=2x+1$

问题1 若函数 $f(x)=ax^3+x+1$ 的图像在点 $(1, f(1))$ 处的切线与直线 $y=2x-3$ 平行，求 a。

意图：通过含参对比是否知道斜率 k，初步理解导数的几何意义。

问题2 若把"在 $(1, f(1))$ 处"的切线与某直线平行改为"过"某点呢？

（2015 全国）函数 $f(x)=ax^3+x+1$ 在 $(1, f(1))$ 处的切线方程过点 $(2, 7)$，则 $a=$ ＿＿。

意图：通过对比问题条件不同，进一步理解切线的本质在于切点。

例2 已知函数 $f(x)=ax^3+x+1$ 在 $x=1$ 处有极值，求 a。

问题1 函数 $f(x)=ax^3+x+1$ 有极值的充分而不必要条件是（　　）

A. $a<0$　　　　B. $a>0$　　　　C. $a<-1$　　　　D. $a>1$

意图：对比有极值的四种情况，让学生深刻理解极值与导数为 0 的联系与区别。

问题 2　函数 $f(x) = ax^3 + x + 1$ 恰有三个单调区间，试确定 a 的取值范围，并求出这三个单调区间。

意图：通过极值点与单调区间的联系，设置三个单调区间与单个单调区间对比的异同。

问题 3　函数 $f(x) = ax^3 + x + 1$ 在 $(0，1)$ 内有极大值，求 a 的取值范围。

问题 4　函数 $f(x) = ax^3 + x + 1$ 在 **R** 上单调递增，求 a 的取值范围。

问题 5　若把"单调递增"改为"不单调"，求 a 的取值范围。

意图：通过对比分析条件"有极大值""单调递增"和"不单调"等三种情况，由肯定变否定，转化为存在极值点，问题导学层层深入、有梯度，体现思维的深刻性。

2. 拓宽思路，培养灵活思维

灵活性是指思维活动的灵活程度。它的特点包括：一是思维起点灵活，能多种方法解题；二是思维过程灵活，做全面"综合的分析"；三是概括—迁移能力强，自觉性高；四是善于组合分析，伸缩性大；五是结果是多种合理而灵活的结论，有量的区别，也有质的区别。

例 3　已知函数 $f(x) = ax^3 + x + 1$，若 $f(x) \leqslant 0$ 对任意 $x \in [0，1]$ 恒成立，求 a 的取值范围。

问题 1　若函数 $f(x) = ax^3 + x + 1$ 在 **R** 上只有一个零点，求 a 的取值范围。

问题 2　函数 $f(x) = ax^3 + bx - x(a，b \in \mathbf{R})$，且当 $x = 1$ 和 $x = 2$ 时，函数 $f(x)$ 取得极值。(1)求 a，b；(2)若 $y = f(x)$ 与 $g(x) = -3x - m(-2 \leqslant x \leqslant 0)$ 有两个不同的交点，求实数 m 的取值范围。

意图：此例题是高考热点之一，难度加大不容易得分，题目考查了数形结合、分类讨论、函数极值或最值等思想方法，对学生思维的灵活性要求较高，是近年来高考常考的压轴题。若能在这个题目的基础上，再设置以上两个问题，从无零点到有零点、无极值到有极值、一个交点到两个、多个交点等角度，从思维起点、思维过程、能力迁移等层面去拓宽解题思路，对于培养学生的思维灵活性是大有裨益的。

3. 丰富体验，培养创新思维

《2019年普通高等学校招生全国统一考试大纲》指出："对创新意识的考查是对高层次理性思维的考查。"创新性即思维活动的创造性。创新性源于主体对知识经验或思维材料高度概括后集中而系统地迁移，进行新颖的组合分析，找出新异的层次和交结点。

例4 （2018全国Ⅰ理10)图46来自古希腊数学家希波克拉底所研究的几何图形，此图由三个半圆构成，三个半圆的直径分别为直角三角形 ABC 的斜边 BC，直角边 AB，AC，$\triangle ABC$ 的三边所围成的区域记为Ⅰ，黑色部分记为Ⅱ，其余部分记为Ⅲ，在整个图形中随机取一点，此点取自Ⅰ，Ⅱ，Ⅲ的概率分别记为 p_1，p_2，p_3，则（　　）

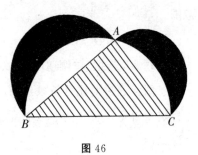

图46

A. $p_1 = p_2$ 　　 B. $p_1 = p_3$ 　　 C. $p_2 = p_3$ 　　 D. $p_1 = p_2 + p_3$

意图：创造性将勾股定理融入几何概型中，给予了学生不一样的感知体验、理解体验和感悟体验，凸显了对学生创新能力和创新意识的考查要求，较好地诠释了"服务选拔、导向教学"的思想指引。

4. 善于反思，培养批判思维

批判性是思维活动中独立发现和批判的程度，是循规蹈矩、人云亦云，还是独立思考、善于发问，这是思维过程中一个很重要的品质。思维的批判性品质，来自对思维活动各个环节、各个方面进行调整、校正的自我意识。高中数学教学要善于引导学生反思，鼓励学生对解题过程、解题结论和解题方法多加质疑，并善于总结和提炼，通过精心设"疑"、循循导"疑"、辩证析"疑"等方式培养学生的批判思维。

例5 （2020全国Ⅰ理12)若 $2^a + \log_2 a = 4^b + 2\log_4 b$，则（　　）。

A. $a > 2b$ 　　 B. $a < 2b$ 　　 C. $a > b^2$ 　　 D. $a < b^2$

意图：本题不仅考查学生运用知识分析、解决问题的能力，同时也考查学生的观察能力、运算能力、推理判断能力与灵活运用知识的综合能力，很好地考查了学生的批判性思维。

例 6　(2017 年全国 I 卷 19)(题目略)

意图：本题考查正态分布(尤其是正态分布的 3σ 原则)，随机变量的期望和方差。通过有关数据判断是培养学生决策能力、批判性思维能力的有效题型。问题由假设出发，通过对思维活动各个环节、各个方面进行自我意识的校正，培养学生善于总结、反思的综合解题能力。

三、教学后续思考

基于问题导学的探究式、体验式的数学活动，教师引导学生如何思考，通过对研究问题一般方法的感知、理解、体验与参与，有效地促进了学生思考，教会了学生对一般问题的探究方法和思考方式，从而使学生在积累数学思维和实践经验的基础上，形成和发展数学核心素养，达到育人的目的。

参考文献

[1]中华人民共和国教育部.普通高中数学课程标准(2017 年版)[S].北京：人民教育出版社，2018：5.

[2]周日桥.对 2018 年高考数学全国卷 I 的认知分析与单元一体化教学建议[J].中学数学教学参考，2019(3)：56-57.

采用 MM 方式，让"读""写""算"一体化①

周日桥

【摘要】MM 方式是运用方法论指导数学教学的一种启发式、探索式教学。如何培养学生学习数学的必备品格和关键能力？笔者认为，关键在于让学生养成正确"读"、准确"写"、精确"算"等方面的习惯。

---

①　本文发表于省级优秀期刊《语数外学习(高中版中旬)》2021 年第 12 期。

【关键词】MM 方式；中学数学；"读""写""算"能力；数学教育

【基金项目】本文系广东省教育科学"十四五"规划 2021 年度立项课题"基于《学习罗盘 2030》的中小学数学一体化教学实践研究"（项目编号：2021YQJK012）、中国教科院粤港澳大湾区教育发展专项研究 2020 年度立项课题"粤港澳大湾区背景下'1＋2＋N'教师教育共同体发展研究"（项目编号：GBAJY－YB202001）阶段性研究成果。

MM 方式是运用方法论指导数学教学的一种启发式、探索式教学，MM 取自"mathematical methodology education pattern"前两个词头。MM 方式下的教学要求教师不断吸收新的教学经验、教学方法、教学思想，重视培养学生学习数学的必备品格和关键能力。如何一体化培养学生学习数学的必备品格和关键能力？笔者认为，关键在于让学生养成正确"读"、准确"写"、精确"算"等方面的习惯。

一、数学教学中的"读"

"书读百遍，其义自见。"这指出了数学教学中的"读"的必要性。据调查，中学教师重视教学细节、解题技巧和能力；大学教授则重视学科价值和思想渗透；但不论是大学教授还是中学教师，他们都很重视用启发式教学法，这也正是 MM 方式在教学实践中的体现。学生只有通过正确地"读"，才能明确题目的内在联系，厘清数量关系，找准解题办法。

1. 引导学生"熟读"教材

教材是教师教学和学生学习的最主要材料，它是专家组通过多次修订，在充分考虑学生学习心理、知识基础和学科特点等因素后精心编制而成，具有很高的科学性、知识性和阅读价值。引导学生"熟读"教材对课前、课中、课后教学都大有裨益。在课前"熟读"教材，学生可以了解所要学习的内容，发现问题；在课中"熟读"教材，学生能够深入理解、掌握、应用教材中的知识；在课后"熟读"教材，学生能够对所学的知识进行巩固、深化和拓展，能够建立所学内容之间的联系，使之系统化。

2. 引导学生"精读"数学语言

加强学生数学语言方面的训练，是强化其认知结构、规范数学表达和培养思维能力的有效路径。因此，教师引导学生"精读"数学语言，比如一个概念、一个符号、一个公式或一个规律等，对其进行逐字逐句的研究，有助于他们正确理解教材或题目的含义，掌握图形语言、符号语言、文字语言及其转化。教师可引导学生"精读"数学概念、公式、定理等，使其理解概念、公式、定理等的内涵。

例如，在教学"平面与平面平行的判定定理和性质定理"时，笔者要求学生填写下表。

	文字语言	图形语言	符号语言
判定定理	一个平面内的两条直线与另一个平面平行，则这两个平面平行		$a/\!/\alpha$, $b/\!/\alpha$, $a\cap b=P$, $a\subset\beta$, $b\subset\beta$ $\Rightarrow\beta/\!/\alpha$
性质定理	如果两个平行平面同时和第三个平面相交，那么它们的交线平行		$\alpha/\!/\beta$, $\alpha\cap\gamma=a$, $\beta\cap\gamma=b\Rightarrow a/\!/b$

通过这样的练习，学生便能学会"精读"数学语言，熟练掌握立体几何中的文字语言、图形语言、符号语言之间的转化，也能深入理解平面与平面平行的判定定理和性质定理。还要加强"精读"训练，引导学生细读、品读、研读一些典型性、复杂性比较强的语句、公式、符号或素材，帮助他们养成逐字逐句"精读"数学语言的习惯，以提升其阅读能力。

3. 引导学生"通读"课标

引导学生"通读"新课标，不仅能帮助他们掌握必要的数学思想、知识、方法，还能使其形成正确的人生观、价值观和世界观。教师要适时地创设条件引导学生"通读"课程标准，以帮助他们明确教学改革的方向，积极践行新的理念和方法，并积极落实。

4. 教会学生"泛读"

对于一些科普性、研究性、材料性的内容，教师要引导学生进行"泛读"，使其了解数学的应用价值，学会用数学的眼光观察事物，学会从数学角度思考事物，会用数学语言表述事物。

二、数学教学中的"写"

数学教学中的"写"是将数学情境、实际情境表达出来的方式。在 MM 方式下，教师可以从以下几个方面做起。

1. 要求学生书面表达必须规范

在教学中，教师要设法让学生做到：①规范表达。要求学生在写公式、定义、符号以及画图时规范、不能出错。②规范答题的格式。在解题时，要求学生不仅要将解题的格式和思路描述清楚，还必须保证运算、逻辑推理正确、一目了然。

2. 要求学生坚持写周记、日记

在学习完知识后，教师可要求学生将自己的收获、心得体会、得失等写下来。学生若能把这些学习心得通过日记(或周记)形式写下来，每次哪怕只是寥寥数语，只要持之以恒、日积月累，定能有更多的收获。

3. 让学生尝试写数学小报或数学论文

编写数学小报或数学论文，这是对"读"的反馈、补充，也是对"读"的促进、提升。教师可引导、鼓励学生捕捉学习、生活中的点滴或困惑，或记录自己的数学思考、数学方法等，将其编写成数学小报或数学论文，并定期进行评比、交流、分享。写小论文虽然难度有点大，但是可以让学生在设计"数学 LOGO"、数学周记、数学小报的基础上进行充实和完善，以相关的数学理念、数学思想和课程标准等为导向，不断进行尝试。

三、数学教学中的"算"

数学运算是高中数学核心素养中六大素养之一，运算能力也是高考明确要求要考查的。在 MM 方式下，如何提高学生的数学运算能力？笔者认为，要从"用心算""用情算"和"用功算"三方面着手。

1. 教会学生"用心算"，即要"多想少错"

教师要重视培养学生的运算习惯，养成多思考、少出错、用心算的习惯，倡导"小题小做、大题详做"，有针对性地提高运算的准确度和速度。教师需引导学生在"巧算"上下功夫，多归纳一些运算技巧，如估算、用特殊值、数形结合等，这样既能节约运算时间，还能提高运算效率。

例1　求函数 $y = \log_2 |x+1|$ 的单调递减区间和单调递增区间。

解析：该函数解析式中含有绝对值，学生仅分析函数的解析式很难快速求出问题的答案，此时教师可引导学生作出函数 $y = \log_2 x$ 的图像，将其沿着 y 轴翻折得到函数 $y = \log_2 |x|$ 的图像，再将图像向左平移1个单位就得到函数 $y = \log_2 |x+1|$ 的图像（如图47所示）。

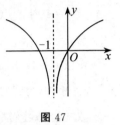

图47

由图像可知，函数 $y = \log_2 |x+1|$ 的单调递减区间为 $(-\infty, -1)$，单调递增区间为 $(-1, +\infty)$，这样便可快速求得问题的答案。

2. 教会学生"用情算"，即要"形慢实快"

教师首先要让学生理解和熟练有关的概念、性质、公式和法则，若概念不清、公式模糊、法则含混，必定会影响运算的正确率。其次，要让学生在运算时做到有理有据、逻辑严谨、书写规范，明白数学运算的目的及意义。最后，要让学生养成独立分析、思考的习惯，懂得慢中求快的辩证道理，做到"准在先""快在后"，实现"形慢实快"的目的。

例2　(2020全国高考Ⅰ卷理科，第12题)若 $2^a + \log_2 a = 4^b + 2\log_4 b$，则

A. $a > 2b$ 　　B. $a < 2b$ 　　C. $a > b^2$ 　　D. $a < b^2$

解析：该题较为复杂，已知关系式中既含有指数式，也含有对数式，学生很难直接根据函数的性质求得问题的答案，此时教师可引导学生"用情算"，采用作差法，根据指数、对数函数运算法则进行合理的运算、推理，逐步比较出 a 与 $2b$，a 与 b^2 之间的大小关系，很快学生得到如下的运算过程：

设 $f(x) = 2^x + \log_2 x$，则 $f(x)$ 为增函数，

因为 $2^a + \log_2 a = 4^b + 2\log_4 b = 2^{2b} + \log_2 b$，

所以 $f(a) - f(2b) = 2^a + \log_2 a - (2^{2b} + \log_2 2b)$

$$= 2^{2b} + \log_2 b - (2^{2b} + \log_2 2b),$$

$$=\log_2\frac{1}{2}=-1<0$$

所以 $f(a)<f(2b)$，所以 $a<2b$。

又 $f(a)-f(b^2)=2^a+\log_2 a-(2^{b^2}+\log_2 b^2)$

$$=2^{2b}+\log_2 b-(2^{b^2}+\log_2 b^2)$$

$$=2^{2b}-2^{b^2}-\log_2 b,$$

当 $b=1$ 时，$f(a)-f(b^2)=2>0$，此时 $f(a)>f(b^2)$，有 $a>b^2$，

当 $b=2$ 时，$f(a)-f(b^2)=-1<0$，此时 $f(a)<f(b^2)$，有 $a<b^2$，

所以 C、D 错误，故选 B。

3. 教会学生"用功算"，即要逐级递进

数学运算过程都是程序化的，只有完成了第一步运算才能进行第二步运算，也只有在当前运算结束后才能进行下一步运算。运算能力的发展也是逐层递增的，由低级再到高级，从简单再到复杂。如果简单、低级的运算没有过关，就很难进行复杂、高级的运算。"心急吃不到热豆腐"，学生在运算上要用功做好训练，务必一步一个脚印、扎扎实实地循序渐进。

高考数学会综合考查学生多方面的能力，而在接触问题之初，阅读理解能力起关键作用，这说明正确"读"的重要性；在书写解题过程阶段，语言表达发挥主要作用，这表明准确"写"的重要性；在解答问题的过程中，信息整合能力和运算能力发挥主要作用，这表明精确"算"的重要性。因此，培养学生"读""写""算"一体化能力，对提高学生数学核心素养有着显而易见的意义和价值。

参考文献

[1]周日桥. 对 2018 年高考数学全国卷 I 的认知分析与单元一体化教学建议[J]. 中学数学教学参考，2019(3)：56-57.

[2]周日桥. 中小学数学一体化教学[M]. 长春：吉林大学出版社，2020：9，16.

[3]周日桥. 高中数学教师专业素养"1+2+3"培养模式探究[J]. 数学教学通讯，2020(10)：25-26.

[4]周日桥. MM 方式在高中数学"教·学·研一体化"中的应用探究[J]. 高中数理化，

2021(05)：20-21.

　[5]周日桥. 中学数学"三课合一"单元教学一体化探索[J]. 中学数学(高中)，2020(9)：95-96.

　[6]张蜀青，曹广福. 大学教师与中学教师关于《基本不等式》的"同课异构"评析[J]. 数学教育学报，2015(12)：40-42.

　[7]吴新华. 高中数学概念课《曲线与方程》的说课设计与思考[J]. 中学数学研究，2017(2)：28-30.

　[8]胡建庭，周建勋，徐沥泉. 数学的贯通：MM 方式在我国数学教学中的应用概述[J]. 数学通报，2019(8)：31-33.

　[9]徐学芹. 浅谈高中数学教学中的"听、读、写、算"能力的培养[J]. 语数外学习，2013(4)：150.

　[10]李红生. 浅谈初中数学教学中"听、说、读、写"能力的培养[J]. 课程教材教学研究，2010(3)：49-50.

一体化教学理念下数学课的"踏实感"①

周日桥

【摘要】叶澜教授认为，一堂好课应符合"扎实、充实、丰实、平实、真实"五个标准。面对新时代数学教育呼吁回归教育本质，数学教师必须走内涵发展道路。

【关键词】一体化教学理念；数学课堂；踏实感

【基金项目】本文系广东省教育科学规划 2021 年度中小学教师教育科研能力提升计划项目立项课题"基于《学习罗盘 2030》的中小学数学一体化教学实践研究"(项目编号：2021YQJK012)、中国教科院粤港澳大湾区教育发展研究专项 2020 年度立项课题"粤港澳大湾区背景下'1＋2＋N'教师教育共同体发展研究"(项目编号：GBAJY－YB202001)阶段性研究成果。

---

①　本文发表于中国科学技术协会期刊《数理天地(高中版)》2022 年第 1 期。

笔者以为，一堂数学好课要达到"五实"标准之前，先要关注师生的"踏实"心理，多创设"有体验即踏实"的教学情景，让学生多在数学体验中获取成功后的"踏实感"，只有学生心理"踏实"了，才会有认真学习的信心，只有"学生喜欢"数学课堂才有"教师幸福"的可能，才能实现数学"教—学—评"一体化有机融合。

一、概述：一堂数学好课的"五实"标准

扎实的课才有意义，要教给学生新的数学知识。教师要教给学生新的、有用的数学知识。学生对知识能产生强烈兴趣，激发后续学习的动力。

充实的课才有效率，让学生都能解决数学问题。课的有效性是指关注各个层次生，对绝大多数学生有效，能让每个学生都参与进来。

丰实的课才有生成，多启发数学过程思维生成。课堂开放并非预先设计的，有师生的真实情感、思维碰撞、思辨互动，学生的数学思维自然生成。

平实的课应常态化，多体现数学课堂的独特价值。有人听课也"旁若无人"，课堂体现独特的数学育人价值，上平平常常、实实在在的课，呈现教师的专业水准。

真实的课有待完善，有缺憾也是数学育人之美。"人非圣贤"，课亦非十全十美，有师生真实互动的数学课往往是有缺憾的、有待完善的，这样更能让学生体验"踏实"之美。

二、探索：踏实的课应多体验，在经历中培养自信

如何有效让学生体验更多的"踏实感"？教师在教学过程中要做到以下三点：一是目标导向什么要让学生有较充分的认识，如果学生都不清楚一节课究竟是学习什么重点内容，显然心里是没底的，心里没底自然就没有了兴趣；二是课堂类型的特点学生要有充分的认识，学生要比较明确教师教的哪些是复习的知识、哪些是新知识、哪些是综合运用等；三是教师要明确采用的教学策略是否能有效促进学生学习，倘若方法策略不科学、针对性不强，不仅来回消耗、折腾学生，而且大大消减了学生的学习兴趣。

一体化教学是指依据中学数学课程标准，师生共同构建的一种促进学生知识学习、思维训练、能力培养及素养提升一体化发展的教学理念与教学策略。从理论层面上看，"一体化教学"是一种科学教学理念；从实践层面上看，"一体化教学"也是一种教学策略。

三、实践：一体化教学理念下"踏实感"之探寻

不妨先从考后很多同学反映难度很大、无从入手的这个压轴题展开思考。

[2021 年 1 月普通高等学校招生全国统一考试适应性测试（八省联考）数学卷第 22 题]已知函数 $f(x) = e^x - \sin x - \cos x$，$g(x) = e^x + \sin x + \cos x$。

（1）证明：当 $x > -\dfrac{5\pi}{4}$ 时，$f(x) \geqslant 0$；

（2）若 $g(x) \geqslant 2 + ax$，求 a。

此题让很多考生铩羽而归，不少教师也有点找不着北，究其原因，或许在平时的数学教学中要给学生渗透一种不一样的解决思维和求解方法。

不妨先从简单的图像探索开始，比如高中经常会遇到讨论一元二次方程 $ax^2 + bx + c = 0 (a \neq 0)$ 和二次函数 $y = ax^2 + bx + c (a \neq 0)$ 关系的问题，我们可以引导学生从最简单的函数作图开始分析。如在引导学生作函数 $y = x^2 + 1$ 的图像（图 48）时，基于一体化教学理念，教师要引导学生做好以下五个层次的探索：一是学生只简单将图像作成直线，则学生根本没有理解问题和解决问题；二是学生用

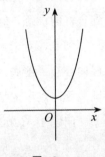

图 48

描点法作出光滑曲线，说明学生已找到一个方法解决问题，或探索就此结束，教师点评正确答案，则学生的数学思维过于单一；三是若教师能引导学生利用图像平移的方法来作图，则可认为学生的认知水平达到多元水平，有了多个解决问题的思路但未能很好地有机整合；四是若能引导学生利用函数的单调性和奇偶性作图，则说明不仅能找到多个解决问题的思路，而且能将这些思路一体化结合起来考虑；五是可引导学生用求导思路讨论函数的增减性和凹凸性来作图，充分培养学生的数学抽象和拓展思维，学生在探索过程中有了更多的"踏实感"。

问题 1 已知函数 $f(x)=x^2-2x+3$。(1)若 $x\in[0,1]$，求 $f(x)$ 的最值；(2)若 $x\in[1,2]$，求 $f(x)$ 的最值；(3)若 $x\in[0,2]$，求 $f(x)$ 的最值。

课堂上引导学生做了很规范的分析解答，互动效果也很好，但在最后的综合应用方面，却发现不少学生无从下手，找不到解决问题的突破口或运算频频出错，究其原因，在于思维的训练层级不够，此时还是处于低阶思维状态。不妨再做以下问题设计。

问题 2 求函数 $f(x)=x^2-2x+3$ 在 $x\in[t，t+2]$ 上的最值。

对称轴和区间都确定，学生解决问题的能力还是不错的。对称轴或区间都变化的情况，对分类讨论思想和数形结合方法要求增高，可以较好地培养学生的策略性思维。

问题 3 已知函数 $f(x)=x^2-2ax(a>0)$ 在 $x\in[t，t+2]$ 上的最大值为 0，最小值为 -4，求实数 a 和 t。

若问题设计仅到问题 2，难免会有美中不足、不过瘾之感。此时，若能及时设计问题 3，把两类变化都融合在一个题目之中，学生的延展性思维就会得到很好的训练，起到震撼的效果。

到此，对于大多数学生来说，已得到充分的数学体验，对二次函数的掌握内心有了些底，解决问题的信心足了、"踏实感"增强了不少。但对于希望挑战更高难度的学生，此时正好链接一些高考题。例如：

问题 4 (2020 年全国卷 I 文 20)已知函数 $f(x)=e^x-a(x+2)$。

(1)当 $a=1$ 时，讨论 $f(x)$ 的单调性；

(2)若 $f(x)$ 有两个零点，求 a 的取值范围。

解法一：常规解法略。

解法二：(1)略。(2)将 $f(x)=e^x-a(x+2)=0$ 变形为 $e^x=a(x+2)$，于是将零点问题转化为两个函数 $y=e^x$ 和 $y=a(x+2)$ 的交点问题。从而可以探索两个函数的相切或相交情况。

如图 49 所示，设函数 $y=e^x$ 和 $y=a(x+2)$ 的相切点为 $(x_0，e^{x_0})$，则切线的斜率为 e^{x_0}。根据直线 $y=a(x+2)$ 过点 $(-2，0)$，所以切线的斜率也可表示为 $\dfrac{e^{x_0}}{x_0+2}$，于是得到 $\dfrac{e^{x_0}}{x_0+2}=e^{x_0}$，解得 $x_0=-1$，故切线的斜率为 $\dfrac{1}{e}$。所

以当 $a > \dfrac{1}{e}$ 时，直线 $y = a(x+2)$ 与曲线 $y = e^x$ 有两个交点，也就是 $f(x)$ 有两个零点，所以 $a \in (\dfrac{1}{e},\ +\infty)$。

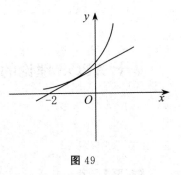

图 49

设计意图：导数几何意义的应用，不仅仅只是求函数曲线的切线，还可用来判断直线与曲线的位置关系，零点问题或不等式恒成立问题等。

当然，对学有余力的学生，还可继续拓展。

问题 5　已知函数 $f(x) = x^2 e^x$。

(1)过点 $P(1,\ 0)$ 的直线 l 与曲线 $y = f(x)$ 相切，求切点的横坐标；

(2)若 $f(x) \geqslant k(x-1)$ 对任意 $x \in \mathbf{R}$ 恒成立，求 k 的范围。

问题 6. 已知函数 $f(x) = e^{x-a} - \ln x$。求证：当 $a \leqslant 2$ 时，$f(x) > 0$。

参考文献

[1]叶澜. 变革中生成：叶澜教育报告集(叶澜教育思想文选)[M]. 北京：中国人民大学出版社，2019：15.

[2]周日桥. 2021 年高考数学"五育"考查评析及一体化教学建议[J]. 高中数理化，2021(09)：26-27.

[3]周日桥. 对 2018 年高考数学全国卷 I 的认知分析与单元一体化教学建议[I]. 中学数学教学参考，2019(3)：56-57.

基于 APOS 理论的"对数函数概念"一体化教学设计①

周日桥

【摘要】在课堂教学活动中，新课标倡导以学生活动为主体，教师起着引导、组织的作用，帮助学生实现"在陌生环境中自定航向"。学生在课堂上的表现应该是主动、积极、自主而富有个性的探究过程，这正好切合 APOS 理论。在高中数学概念教学中，教师应该创设问题情景，让学生在体验中学习，将抽象的概念内化到已有认知结构中。调查发现，在现实教学中，很少有教师将 APOS 理论和知识迁移理论进行有机融合，但学生的认知构建在 APOS 理论和知识迁移理论的创新实践中却发挥着关键作用，这正好成为 APOS 理论下一体化教学的衔接点和契合点。

【关键词】APOS 理论；对数函数概念；一体化教学

【基金项目】本文系广东省教育科学"十四五"规划 2021 年度立项课题"基于《学习罗盘 2030》的中小学数学一体化教学实践研究"（项目编号：2021YQJK012）、中国教科院粤港澳大湾区教育发展专项研究 2020 年度立项课题"粤港澳大湾区背景下'1＋2＋N'教师教育共同体发展研究"（项目编号：GBAJY－YB202001）阶段性研究成果。

在课堂教学活动中，新课标倡导以学生活动为主体，教师起着引导、组织的作用，帮助学生实现"在陌生环境中自定航向"。学生在课堂上的表现应该是主动、积极、自主而富有个性的探究过程，这正好切合 APOS 理论。在高中数学概念教学中，教师应该创设问题情景，让学生在体验中学习，将抽象的概念内化到已有认知结构中。调查发现，在现实教学中，很少有教师将 APOS 理论和知识迁移理论进行有机融合，但学生的认知构建在 APOS 理论

---

① 本文发表于省级学术期刊《数学大世界》2021 年第 09 期。

和知识迁移理论的创新实践中却发挥着关键作用，这正好成为 APOS 理论下一体化教学的衔接点和契合点。

数学概念是数学学习的核心内容和重难点，学生认识数学、应用数学解决实际问题更离不开对概念的深入理解和系统掌握。APOS 理论将新课程标准与知识迁移理论深度融合，构建学生学习数学概念的四个层次，为创新实践一体化教学提供了有效策略。数学是很抽象的，有的数学概念更是相当复杂，APOS 理论是为数学概念教学所创造的理论，本文以"对数函数"为例进行一体化教学设计，正是在 APOS 理论指导下的一次探究实践。

一、活动(action)阶段——概念的引入：创设情景、引入新课

"活动"阶段是由教师通过预先创设问题情景，以一系列的问题引导学生感受一个个数学现象，从而激活学生一系列的认知行为。

在"对数函数概念"的教学活动中，与学生继续研究指数函数涉及的细胞分裂问题。在这个问题中，由细胞分裂的个数可确定细胞的分裂次数。因此，细胞分裂的次数是细胞分裂个数的函数。由对数的定义，可得到新函数，其中细胞个数是自变量，细胞分裂次数是函数。

像上面这类求指数的问题，早在 17、18 世纪就一直是困扰人们的难题。为了解决这一难题，苏格兰数学家约翰·纳皮尔引进了对数的定义，很好地解决了这一难题。

设计意图："活动"是 APOS 理论模式的第一个阶段，教师在这个活动阶段要巧妙创设学生喜欢的问题情景，并与将要深入学习的内容形成一体化链接，或适时渗透相关的数学文化，紧扣学生原有的认知水平，积极调动学生的学习热情，为接下来的新知识探索奠定基础。

二、过程(process)阶段——概念的归纳：组织讨论、分析归纳

由教学"活动"的不断深入，课堂教学操作可内化为一种名为"过程"的学习心理操作。但一节课 40 分钟如果一味任由学生活动，就不能取得预期的教学效果。所以教师要针对教学目标发挥好引导功能，通过数学思维内化，归纳出"对数函数概念"的特有性质。

教师可继续设问：同学们，能说出它的一般形式吗？

1. 定义

一般地，我们把函数 $y = \log_a x (a > 0$，且 $a \neq 1)$ 叫作对数函数，其中 x 是自变量，函数的定义域是 $(0, +\infty)$。

2. 典型例题

例 1　求下列函数的定义域：(1) $y = \log_a x^2$；(2) $y = \log_a (4 - x)$；(3) $y = \log_3 \dfrac{1}{x - 2}$。

解：（略）

说明：考查学生是否掌握了对数函数定义的有关要求，加深对对数函数的理解。

方法小结：求对数函数的定义域时，应考虑真数大于 0。

3. 对数函数的图像和性质

师问：同学们能类比指数函数的探究方式，提出研究对数函数性质的思路吗？

生答：从内容上，定义域、值域、特殊点、单调性。

从方法上，根据图像研究性质。

从路径上，①在直角坐标系中画出函数 $y = \log_2 x$ 的图像（描点法）。②点评同学的成果。再用类似的方法画出 $y = \log_{\frac{1}{2}} x$ 的图像。

师问：函数 $y = \log_2 x$ 与 $y = \log_{\frac{1}{2}} x$ 的图像有什么关系？为什么？（从"数"和"形"的角度分析：$y = \log_{\frac{1}{2}} x = -\log_2 x$）（图 50）

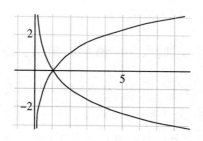

图 50　底数互为倒数的两对数函数图像

设计意图:"APOS"模式的"过程"阶段是引导学生在自主探索中得出相关性质,目的是有效唤醒学生的已有经验,通过让学生采用类似的方法得出底数互为倒数的对数函数图像。基于类比"指数函数"的教学方法,让学生研究出"对数函数"有关的独特性质。

三、对象(object)阶段——概念的巩固:把握本质、类比归纳

经过新一轮教学实践和转化等方式内化概念"过程",对"对数函数概念"的内涵和外延进一步加工,使"对数函数概念"更加具体、直观和精致,从而通过压缩概括进入"对象"阶段,建构相对稳定的数形结构关系。

教师引导学生变化底数值,在同一平面直角坐标系内观察图像,同学们能发现有哪些特征吗?

如:(1)$y = \log_2 x$;(2)$y = \log_3 x$;(3)$y = \log_5 x$;

(4)$y = \log_{\frac{1}{2}} x$;(5)$y = \log_{\frac{1}{3}} x$;(6)$y = \log_{\frac{1}{5}} x$。

通过类比归纳,填写对数函数 $y = \log_a x$($a > 0$,且 $a \neq 1$)的图像和性质:

		$a > 1$	$0 < a < 1$
图像			
定义域			
值域			
性质	(1)		(1)
	(2)		(2)

在学生基本上能准确掌握对数函数及其性质的情况下,适时进行"过程""对象"阶段的一体化教学巩固训练。

例2 比较下列各组数中两个值的大小:

(1)$\log_2 3.4$,$\log_2 8.5$;   (2)$\log_{0.3} 1.8$,$\log_{0.3} 2.7$;

(3)$\log_a 5.1$,$\log_a 5.9$($a > 0$,且 $a \neq 1$)。

说明:考查学生应用单调性判断两数大小,达到熟悉相关性质并应用函

数观点解决实际问题的目的，并引导学生归纳不同题目类型采取不同的解决办法。

例 3 比较下列各组数中两个值的大小：

(1)lg6 ＿＿＿ lg8；   (2)$\log_{0.5}6$ ＿＿＿ $\log_{0.5}4$；

(3)$\log_{\frac{2}{3}}0.5$ ＿＿＿ $\log_{\frac{2}{3}}0.6$；   (4)$\log_{1.5}1.6$ ＿＿＿ $\log_{1.5}1.4$。

设计意图：APOS 理论的"对象"阶段就是要教师引导学生对"对数函数概念"进行数学化表征，这既是概念教学的关键，也是重难点所在。教学中可以通过小组讨论，深化概念理解和促进概念内化，让学生体验类比归纳、知识迁移、数学分析的过程，促进数学思维能力一体化、螺旋式发展。

四、图式(schema)阶段——模型的生成：概念应用、因材施教

APOS 理论中提及的数学概念"图式"阶段，是指学生在经历了"活动""过程""对象"阶段后，根据已有的数学概念和其他"图式"一起进行新的排列组合所形成的一种认知结构。在本课的教学中，教师还可为学生设计以下训练题目：

(1)将 0.3^2，$\log_2 3$，$\log_{0.5}1.5$ 由小到大排列，顺序是＿＿＿＿＿＿。

(2)求函数 $y=\log_2 x(1\leqslant x\leqslant 8)$，$y=\log_{\frac{1}{2}}x(x\geqslant 1)$ 的最值。

(3)(2020 理科全国Ⅱ，第 9 题改编)设函数 $f(x)=\ln|2x+1|-\ln|2x-1|$，判断函数 $f(x)$ 的奇偶性。

作业：必做题：82 页习题 A 第 7、8、9 题；选做题：83 页习题 A 第 10 题。

探索题：指数函数 $y=a^x(a>0$ 且 $a\neq 1)$ 与对数函数 $y=\log_a x(a>0$ 且 $a\neq 1)$有何关系？为什么？

设计思路：本节课根据新课标理念的指导思想，由细胞的分裂问题引入对数函数的定义，通过画出 $y=\log_2 x$ 与 $y=\log_{\frac{1}{2}}x$ 的图像，以及观察变化底数时图像的变化情况，采用学生分组讨论互动形式，类比指数函数的研究思路，归纳出对数函数的性质，再通过两个题组及高考题改编题对定义和性质进行应用和巩固，最后以作业的形式给出课后探索方向：函数 $y=\log_a x$ 和 $y=a^x$ 有何关系？让学生形成系统化、一体化的心理"图式"。

　　一体化教学是指把每一个知识点都置身于相应的系统之中，学生一看到单个概念就会联系到知识的系统性，也就是常说的举一反三、融会贯通、纲举目张。杜宾斯基从建构主义出发，认为数学学习是经过"活动""过程""对象"后内化组合成"图式"。从学习心理角度分析，APOS理论关于学习数学概念的四个阶段是合理的，通过学生感知数学概念—多次"活动"思考（抽象化，符号化）—反复利用"过程"—将过程压缩为"对象"—形成综合结构"图式"的一体化教学过程，能够帮助学生有效甚至高效地学习数学概念，实现"幸福育人"的教学目的。

参考文献

[1]中华人民共和国教育部.普通高中数学课程标准（2017年版2020年修订）[S].北京：人民教育出版社，2020：5，13.

[2]周日桥.中小学数学一体化教学[M].长春：吉林大学出版社，2020：9，26.

[3]周日桥.高中数学教师专业素养"1+2+3"培养模式探究[J].数学教学通讯，2020(10)：25-26.

[4]周日桥.对2018年高考数学全国卷Ⅰ的认知分析与单元一体化教学建议[J].中学数学教学参考，2019(3)：56-57.

[5]周日桥.MM方式在高中数学"教•学•研一体化"中的应用探究[J].高中数理化，2021(05)：20-21.

[6]李雪琦.APOS模式下的"一元二次方程"教学探索[J].数学教学通讯，2020(11)：28-29.

[7]邓胜旺，周日桥.把握高考试题特点 明确数学教学方向[J].中学数学（高中），2021(7)：46-47.

[8]马晓丹.APOS理论探索的反思与超越[J].教学与管理，2020(11)：74-76.

[9]于照.尝试开放教学提升核心素养：以"对数函数的图像和性质"教学为例[J].中学数学教学参考，2021(12)：25-27.

[10]陈丽.基于APOS理论的指数函数概念教学设计[J].数学学习与研究，2020(10)：16-17.

课程一体化视域下高中数学单元教学的整体设计①

周日桥

【摘要】《学习罗盘 2030》认为数字化素养和数据素养正变得与学生的身体健康和心理幸福一样重要，按照每一节课或某一个知识点进行传统教学，已经不适合新时代核心素养的培育要求。因此，探索把一些具有逻辑联系的知识内容或思想方法放在一起进行整体设计就显得尤为必要。笔者认为，单元教学有利于借助大背景、大框架、大思路和大问题进行一体化统领、思想性驾驭和结构化关联；有利于实现单元教学目标和课时教学目标的有机融合；有利于解决教学整体性不强、知识碎片化和课堂效益低等问题。

【关键词】学习罗盘 2030；一体化视域；单元教学；整体设计

【基金项目】本文系广东省教育科学"十四五"规划 2021 年度立项课题"基于《学习罗盘 2030》的中小学数学一体化教学实践研究"（项目编号：2021YQJK012）、中国教科院粤港澳大湾区教育发展专项研究 2020 年度立项课题"粤港澳大湾区背景下'1＋2＋N'教师教育共同体发展研究"（项目编号：GBAJY-YB202001）阶段性研究成果。

《学习罗盘 2030》认为数字化素养和数据素养正变得与学生的身体健康和心理幸福一样重要。数学研究来自现实抽象，通过符号运算、逻辑推理、类比归纳和数学建模等数学思想，理解和表达现实数学的关系、规律和本质。数学抽象是数学的基本思想，体现了数学的本质特征，贯穿于数学产生、应用和发展的实践中。史宁中教授认为，按照每一节课或某一个知识点进行传统教学，已经不适合新时代学生核心素养的培育要求。因此，探索把一些具有逻辑联系的知识内容或思想方法放在一起进行整体设计就显得尤为必要了。

---

① 本文发表于全国优秀科技期刊《中学数学（上半月·高中）》2022 年第 05 期。

单元教学是基于《学习罗盘 2030》一体化教学视域下，依据课程标准和核心素养培育目标，构建一个前后联系、整体规划和互相支撑的教学方式。单元教学有利于借助大背景、大框架、大思路和大问题进行一体化统领、思想性驾驭和结构化关联；有利于实现单元教学目标和课时教学目标的有机融合；有利于解决教学整体性不强、知识碎片化和课堂效益低等问题。

一、整体设计的有关概述

为了有效提升教学质量，麦克泰和威金斯[①]提出了 UbD（understanding by design，意思是"理解为先"）单元教学设计：明确学习目标，确定实证依据和规划教学活动。该教学设计在教学目标和学生实际之间设法找到某种平衡，使教学目标、评价和教学等方面形成更为紧密的一体化联系。一体化教学就是将每一个知识点都置身于相应的系统之中，学生一看到单个概念就会联系到知识的系统性，这就是常说的举一反三、融会贯通、纲举目张。

在实践教学中，如果我们一开始就把概念植入系统化的知识体系中，学生一见到"综合性知识体系"就本能地分解为单个概念，一见到单个概念就会联想到系统化知识体系，这是思维定式产生的良好效果。当然，这样的一体化教学对教师的要求非常高，需要数学教师对相关概念及其系统知识深入研究，对每一个概念的理解和整体系统性的把握必须达到"一叶知秋到"的哲学境界，否则会适得其反，不仅不能培养学生数学的学习兴趣，反而会增加学生的负担。因此，采用单元整体设计或许是一种更适合学生学习的有效路径。

单元整体设计就是用一个整体的观点（整体系统性）来思考单元教学，提高整体的教学效果。一体化教学视域下的单元整体设计，就是基于《学习罗盘 2030》引导教师站在整体高度，审视数学单元教学内容、挖掘数学本质和学习规律，先对整个单元分析设计，后把单元内容（相关概念）合理分配到每一节课，从而在单元基础（也可一个"大单元"）上进行具体课时的动态教学设计。

---

① 杰伊·麦克泰，格兰特·威金斯. 理解为先单元教学设计实例[M]. 盛群力，等，译. 宁波：宁波出版社，2019：308.

二、整体设计的价值体现

《学习罗盘 2030》强调要利用知识、技能、态度与价值观，帮助学生实现"在陌生环境中自定航向"。现实中不少学生在学习中压力重重，甚至屡不得法而厌学。所以，若教师在教学设计过程中，能对课程标准与教学内容进行更加合理、更具针对性的单元整合，让学生的学习变得容易些、轻松些，自然学生的兴趣逐渐浓厚，信心也会得到大幅提升，教学效率和教学质量也"水涨船高"了。

《学习罗盘 2030》指出数字化素养和数据素养正变得与学生的身体健康和心理幸福一样重要，"变革能力"是当前核心素养的重中之重。在新课改下对数学单元进行整体设计，不仅可以改变传统教学的单一形式，而且可以大大激活课堂活力，提升教学的灵活性和创新性，变革学生的学习观和数学观。通过单元教学的整体设计，可以改变传统教学的局限性，更好地将核心知识点建立系统化关联，让主次知识点相互结合，充分培养学生的数学逻辑思维和思辨能力，让学生以逐渐递进的学习方式提升自己的数学素养。

三、整体设计的教学实践

在高三数学关于"导数几何意义的应用"（复习课）中，教师可以选择相关高考题，如（2020 年全国卷 Ⅰ 文 20）已知函数 $f(x) = e^x - a(x+2)$。

(1)当 $a = 1$ 时，讨论 $f(x)$ 的单调性；

(2)若 $f(x)$ 有两个零点，求 a 的取值范围。

解法一：(1)当 $a = 1$ 时，$f(x) = e^x - x - 2$，则 $f'(x) = e^x - 1$。当 $x < 0$ 时，$f'(x) < 0$；当 $x > 0$ 时，$f'(x) > 0$。

所以 $f(x)$ 在 $(-\infty, 0)$ 上单调递减，在 $(0, +\infty)$ 上单调递增。

(2)$f'(x) = e^x - a$。当 $a \leqslant 0$ 时，$f'(x) > 0$，所以 $f(x)$ 在 $(-\infty, +\infty)$ 上单调递增，故 $f(x)$ 至多存在 1 个零点，不合题意。

当 $a > 0$ 时，由 $f'(x) = 0$ 可得 $x = \ln a$。

当 $x \in (-\infty, \ln a)$ 时，$f'(x) < 0$。

当 $x \in (\ln a, +\infty)$ 时，$f'(x) > 0$。所以 $f(x)$ 在 $(-\infty, \ln a)$ 上单调递

减，在$(\ln a,+\infty)$上单调递增，故当$x=\ln a$时，$f(x)$取得最小值，最小值为$f(\ln a)=-a(1+\ln a)$。

①若$0\leqslant a\leqslant\dfrac{1}{e}$，则$f(\ln a)\geqslant 0$，$f(x)$在$(-\infty,+\infty)$上至多存在1个零点，不合题意。

②若$a>\dfrac{1}{e}$，则$f(\ln a)<0$。

由于$f(-2)=e^{-2}>0$，所以$f(x)$在$(-\infty,\ln a)$上存在唯一零点。

由(1)知，当$x>2$时，$e^x-x-2>0$，所以当$x>4$且$x>2\ln(2a)$时，

$$f(x)=e^{\frac{x}{2}}\cdot e^{\frac{x}{2}}-a(x+2)>e^{\ln(2a)}\cdot\left(\frac{x}{2}+2\right)-a(x+2)=2a>0。$$

故$f(x)$在$(\ln a,+\infty)$上存在唯一零点，从而$f(x)$在$(-\infty,+\infty)$上有两个零点。

综上，a的取值范围是$\left(\dfrac{1}{e},+\infty\right)$。

解法二：

(1)略。

(2)将$f(x)=e^x-a(x+2)=0$变形为$e^x=a(x+2)$，于是将零点问题转化为两个函数$y=e^x$和$y=a(x+2)$的交点问题。从而可以探索两个函数的相切或相交情况。

如图51所示，设函数$y=e^x$和$y=a(x+2)$的相切点为(x_0,e^{x_0})，则切线的斜率为e^{x_0}。根据直线$y=a(x+2)$过点$(-2,0)$，所以切线的斜率也可表示为$\dfrac{e^{x_0}}{x_0+2}$，于是得到$\dfrac{e^{x_0}}{x_0+2}=e^{x_0}$，解得$x_0=-1$，故切线的斜率为$\dfrac{1}{e}$。所以当$a>\dfrac{1}{e}$时，直线$y=a(x+2)$与曲线$y=e^x$有

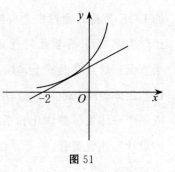

图51

两个交点，也就是$f(x)$有两个零点，所以$a\in\left(\dfrac{1}{e},+\infty\right)$。

设计意图：导数几何意义的应用，不仅仅只是求函数曲线的切线，还可用来判断直线与曲线的位置关系，解决零点问题或不等式恒成立问题等。

问题 1　已知函数 $f(x)=x^2\mathrm{e}^x$。

(1)过点 $P(1，0)$ 的直线 l 与曲线 $y=f(x)$ 相切，求切点的横坐标；

(2)若 $f(x)\geqslant k(x-1)$ 对任意 $x\in\mathbf{R}$ 恒成立，求 k 的范围。

设计意图：上面高考题与问题 1 都可以利用导数求函数的单调区间、极值、最值或用分离参数法等来分析判断，但如果通过"导数几何意义"来探索曲线切线的临界位置，自然就显得直观而又简单多了。

问题 2　设函数 $f(x)=\mathrm{e}^{t(x-1)}(t>0)$。求证：$f(x)\geqslant t\ln x$。

问题 3　已知函数 $f(x)=\mathrm{e}^{x-a}-\ln x$。求证：当 $a\leqslant 2$ 时，$f(x)>0$。

设计意图：以上问题 2、问题 3 的求解利用了常见不等式，采用"导数几何意义"的求解思路相对于常规解法显得要便捷多了，这正是"导数几何意义"的巧妙之处。当然，在运用这些常见不等式[如 $\mathrm{e}^x\geqslant x+1$，$x-1\geqslant\ln x$（$x>0$），$x\leqslant\sin x$（$x\geqslant0$），$x\leqslant\tan x$（$0\leqslant x<\dfrac{\pi}{2}$）]时要先证明，再用来解决具体的实践问题。

问题 4　已知函数 $f(x)=2x^3-3x$，若过点 $P(1，t)$ 存在 3 条直线与曲线 $y=f(x)$ 相切，求 t 的取值范围。

设计意图：以上基于一体化的整体设计思路，也正好契合了诺曼·韦伯的 DOK 理论，通过概念与技能、策略性思维、延展性思维再到回忆与再现，让学生回归到"导数几何意义"的主要应用上，求此类问题通常要准确理解三个方面：切点在曲线上、切点在切线上和切点处函数的导数值为切线的斜率。让学生体验从基本应用、能力提升和思维拓展，再到对概念的深入理解，形成一个一体化、整体化和系统化螺旋上升的思辨过程。笔者认为，这样的整体设计思路也契合《学习罗盘 2030》中强调的教师要帮助学生实现"在陌生环境中自定航向"。

一体化视域下高中数学单元教学是《学习罗盘 2030》引领下的一个富有生机的课题，其整体设计充分体现了数学知识的关联性、系统性和结构性，也体现了数学教学的创新性和学生认知的建构性。要让单元教学更好地助力发展核心素养，笔者认为，还需从以下三方面开展后续研究：一是做好宏观建构、微观把握的思想准备，明白整体设计的价值和意义；二是做好教学活动和科学研究的有效结合，对相应理论和教学实践提炼更有效的教学范式；三是做好师生实际与现有资源的优化融合，把"单元教学"作为"幸福育人"的一种理念和追求。

参考文献

[1]中华人民共和国教育部. 普通高中数学课程标准（2017 年版 2020 年修订）[S]. 北京：人民教育出版社，2020：2，12.

[2]周日桥. 中小学数学一体化教学[M]. 长春：吉林大学出版社，2020：9，12.

[3]周日桥. 对 2018 年高考数学全国卷 Ⅰ 的认知分析与单元一体化教学建议[J]. 中学数学教学参考，2019(3)：56-57.

[4]周日桥. MM 方式在高中数学"教·学·研一体化"中的应用探究[J]. 高中数理化，2021(05)：20-21.

[5]周日桥. 中学数学"三课合一"单元教学一体化探索[J]. 中学数学（高中），2020(9)：95-96.

[6]曾荣. 单元教学的整体设计与课时实施[J]. 数学通报，2021(3)：33-35.

[7]张振培. 应用"导数几何意义"解题的四个层面[J]. 高中数理化，2021(02)：1-2.

[8]刘权华. 高中数学单元教学设计存在的问题及对策[J]. 教学与管理（中学版），2019(02).

[9]郭茂. 高中数学单元教学设计思路与策略探析[I]. 名师在线，2021(12)：46-47.

[10]陈洪飞. 新课改下高中数学单元教学设计的实践探索[J]. 高考，2021(12)：43-44.

基于DOK理论的高中数学一体化教学探究①

——以"3.1.1 椭圆及其标准方程"为例

周日桥

【基金项目】本文系广东省教育科学"十四五"规划2021年度立项课题"基于《学习罗盘2030》的中小学数学一体化教学实践研究"（项目编号：2021YQJK012）、中国教科院粤港澳大湾区教育发展专项研究2020年度立项课题"粤港澳大湾区背景下'1+2+N'教师教育共同体发展研究"（项目编号：GBAJY-YB202001）阶段性研究成果。

一、DOK 理论

为了促进学生达成学习目标并进行相应的结果评价，诺曼·韦伯博士依据布鲁姆《教育目标分类学》中的认知领域理论构建了"知识深度等级"（depth of knowledge，DOK），即培养学生知识高阶思维的 DOK 教学系统。按照知识的复杂性由浅入深，韦伯划分了四级内容：DOK1：回忆与再现；DOK2：概念与技能；DOK3：策略性思维；DOK4：延展性思维。

新高考数学考什么？如何考？《中国高考评价体系》给出了"为什么考、考什么、怎么考"的问题。高考就是考数学核心素养，亦即考理性思维。理性思维的核心就是高阶思维，如何有效甚至高效培养学生的高阶思维？基于 DOK 理论，一体化教学策略正是培养高阶思维的有效路径。

二、教学策略

一体化教学理论与19世纪欧美国家"新教育运动"的兴起有直接关系，其

---

① 本文发表于全国优秀科技期刊《中学数学（上半月·高中）》2022年第11期。

倡导者认为学生的学习内容与学习活动应该是一个整体。1920 年，梁启超提出"分组比较"教学法，认为教学需要通盘考虑，教材要将其进行恰当的分组，且可以选择两个星期教一组，或三个星期教一组，这是我国一体化教学的雏形。1995 年，覃可霖[①]提出在单元教学中可将几个单元组成一更大的单元，使得一体化教学不再局限于教科书中的"单元""章"或者"编"，教师可以在教材的基础上，创造性地进行一体化的组合，构成"大单元"。

一体化教学是指依据中学数学课程标准，师生共同构建的一种促进学生知识学习、思维训练、能力培养及素养提升一体化发展的教学理念与教学策略。从理论层面上看，"一体化教学"是一种科学教学理念；从实践层面上看，"一体化教学"也是一种教学策略。

纵观近几年高考数学试题，圆锥曲线与直线综合应用的题目通常以压轴题或难题出现，分值占比较高，不少学生一看到这类问题就害怕而无从下手，大大影响了正常水平的发挥。有关圆锥曲线的综合问题通常又是以椭圆形式出现，如何克服这一难题？笔者基于 DOK 理论提出"乐导—乐学—乐研—乐拓"一体化教学策略，下面以"3.1.1 椭圆及其标准方程"为例展开探讨，供读者参考。

1. DOK1（回忆与再现）：乐导情境、创设体验

情景一：动态视频呈现，以学生熟悉的圆锥体为研究对象，用不同角度的平面去截取圆锥体，引导学生观察截口曲线是什么图形？它们是怎样变化的？尤其是截面不与轴线或母线平行时，截口又是什么图形？

情景二：安排两位学生做小实验，第一个学生将预先准备好的一根绳子的两端固定在同一个点上，套上粉笔，拉紧绳子移动笔尖，旋转一周，画出的是什么图形？另一个学生把绳子的两端分别固定在两点上（相距不要太远），套上粉笔，拉紧绳子移动笔尖，画出的又是什么图形？

问题 1　这两个学生画出的图形为什么不一样？

问题 2　在这一过程中，你能说出笔尖（动点）满足的几何条件是什么吗？

问题 3　当绳子的两端拉开的距离越来越大，直到拉平，画出的又是什么

---

① 覃可霖. 单元教学漫谈[J]. 广西师院学报，1995(01)：81-85.

图形?

总结归纳椭圆的定义(略)。

以上分析以情景为载体让学生在"做中学",学生充分自主探索体验,初步了解了椭圆、双曲线和抛物线都是圆锥曲线,以及清楚在什么条件下图形是椭圆、什么条件下图形是线段等。

问题 4 回忆圆的方程的建立,探索曲线方程。

问题 5 回忆圆的方程的建立,观察椭圆的形状,通过类比联想,你认为要怎样建立坐标系?哪种方法会简单些?

2. DOK2(概念与技能):乐学探究、深化认知

引导探究,建立适当坐标系,当动点到两定点距离之和为 $2a$,焦距为 $2c$,求椭圆的方程。

总结归纳,引导学生探究运算的转化与化归,掌握根式的化简方法。

此时,引入长轴、短轴概念,并得出焦点在 x 轴上,中心在原点的椭圆的标准方程是 $\dfrac{x^2}{a^2}+\dfrac{y^2}{b^2}=1(a>b>0)$(图52)。

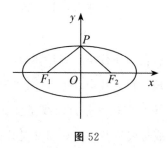

图52

问题 6 同学们能类比得出焦点在 y 轴上的椭圆的标准方程吗?

焦点在 y 轴上,中心在原点的椭圆的标准方程是 $\dfrac{y^2}{a^2}+\dfrac{x^2}{b^2}=1(a>b>0)$。

思考小结:(1)三个常量 a,b,c 的几何意义是什么?

(2)椭圆焦点一定在长轴上(不管焦点在哪个轴)。

(3)方程中分母较大者对应焦点所在轴。

3. DOK3(策略性思维):乐研辨析、应用内化

例1 如图53所示,已知△ABC 的顶点 B,C 在椭圆 $\dfrac{x^2}{3}+y^2=1$ 上,顶

点 A 是椭圆的一个焦点，且椭圆的另外一个焦点 F_2 在 BC 边上，则△ABC 的周长是_____；当 B，C 在椭圆上移动时，△ABC 的周长会变化吗？

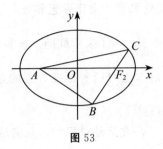

图 53

设计意图：让学生加深对椭圆定义的理解和变量关系的掌握，进一步培养学生的策略性思维。

变式 1：已知椭圆两个焦点的坐标分别是(-2，0)，(2，0)，并且经过点 $(\frac{5}{2}，-\frac{3}{2})$，求它的标准方程。

分析：根据题目给出条件及椭圆定义对应的标准方程，由相关数量容易求出 a，b，c。依据 DOK 理论涉及高阶思维的培育导向，要注意发散学生的数学思维，于是引导学生用其他方法求解。

另解：依题设所求椭圆的标准方程为 $\frac{x^2}{a^2}+\frac{y^2}{b^2}=1(a>b>0)$，因椭圆经过点 $(\frac{5}{2}，-\frac{3}{2})$，则有 $\begin{cases}\dfrac{25}{4a^2}+\dfrac{9}{4b^2}=1\\a^2-b^2=4\end{cases}\Rightarrow\begin{cases}a=\sqrt{10}\\b=\sqrt{6}\end{cases}$。

课堂上引导学生做了很规范的分析解答，互动效果也很好，但在最后的综合应用方面，却发现不少学生无从下手，找不到解决问题的突破口或运算频频出错。究其原因，在于思维的训练层级不够，此时还是处于中阶思维状态，即要引导学生从 DOK3 到 DOK4 层级上升。

4．DOK4(延展性思维)：乐拓归纳、反思提升

引导学生从不同点和相同点进行归纳椭圆的有关知识网络，尤其要注重思想方法的总结归纳，如一体化突出"123"小策略：

"1"指一种方法——坐标法；

"2"指两个方程——$\dfrac{x^2}{a^2}+\dfrac{y^2}{b^2}=1(a>b>0)$ 和 $\dfrac{y^2}{a^2}+\dfrac{x^2}{b^2}=1(a>b>0)$；

"3"指三种思想——转化思想、类比思想和数形结合思想。

变式 2：若方程 $\dfrac{x^2}{k-2}+\dfrac{y^2}{5-k}=1$ 表示椭圆，求实数 k 的取值范围。

设计意图：目的是了解学生对两种标准方程的理解和应用，以及对定义法和待定系数法的掌握。

变式 3：如果点 $M(x，y)$ 在运动过程中，总满足关系式 $\sqrt{x^2+(y-3)^2}+\sqrt{x^2+(y+3)^2}=6$，那么点的轨迹是什么曲线？

设计意图：引导学生深入理解椭圆定义的灵活应用，注意题意是关于动点 M 到两定点的距离之和，可以直接用定义求出标准方程中的 a，b，c，由数形结合法和转化思想就可免去不少运算的麻烦，也让学生充分体验到直接用椭圆定义确定方程的好处和便利。当然，为了更好地培养学生的高阶思维，充分体验 DOK4（延展性思维）训练，不妨对关系式再做以下变化：

(1) $\sqrt{x^2+(y-3)^2}+\sqrt{x^2+(y+3)^2}=10$；

(2) $\sqrt{x^2+(y-3)^2}+\sqrt{x^2+(y+3)^2}=1$。

若问题设计到这里，对于思维能力较强的学生来说难免会有美中不足、体验不过瘾之感。此时，再拓展到以下问题。

变式 4：如图 54 所示，圆 O 的半径为定长 r，A 是圆 O 内一个定点，P 是圆 O 上任意一点，线段 AP 的垂直平分线 l 和半径 OP 相交于点 Q，当点 P 在圆上运动时，点 Q 的轨迹是什么？为什么？

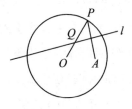

图 54

设计意图：把椭圆的定义与圆的相关知识巧妙结合起来，利用数形结合法由形到数渗透转化思想，通过定值关系深刻理解椭圆的定义，进一步培养学生的高阶思维。

三、结语

人们常说数学是"美"的，究竟"美"在何处？数学的"美"不仅有形式之"美"，而且更多的是以简洁的、抽象的思辨之"美"隐含在数学问题背景中。基于 DOK 理论的"乐导—乐学—乐研—乐拓"一体化教学策略，或许可以帮助学生在充满思辨的探究过程中体验数学思维之"美"。

参考文献

[1]中华人民共和国教育部. 普通高中数学课程标准(2017 年版)[S]. 北京：人民教育出版社，2018：5，25.

[2]周威. 基于 DOK 理论的高中数学解题教学探讨[J]. 中学数学杂志，2021(11)：9-10.

[3]周日桥. 对 2018 年高考数学全国卷Ⅰ的认知分析与单元一体化教学建议[J]. 中学数学教学参考，2019(3)：56-57.

[4]周日桥. 2021 年高考数学"五育"考查评析及一体化教学建议[J]. 高中数理化，2021(09)：26-27.

[5]周日桥. 中小学数学一体化教学[M]. 长春：吉林大学出版社，2020：9，32.

"双减"指引幸福迈向 2030：一体化教学与教研探究①

周日桥

【摘要】"双减"政策对教学遵循教育规律提出了更高、更新的要求。笔者认为，一体化教学与教研或许是一种行之有效的整合实施策略，为多层级、立体化提升教师素养提供示范和引领，从不同角度、不同视野培养不同特质、

---

① 本文发表于省级学术期刊《广东教育》2022 年第 05 期。

具有创新创造性的人才。

【关键词】"双减"政策；幸福 2030；一体化教学与教研；幸福育人

【基金项目】本文系中国教科院粤港澳大湾区教育发展研究专项 2020 年度立项课题"粤港澳大湾区背景下'1＋2＋N'教师教育共同体发展研究"（项目编号：GBAJY—YB202001）、广东省教育科学"十四五"规划 2021 年度中小学教师教育科研能力提升计划项目"基于《学习罗盘 2030》的中小学数学一体化教学实践研究"（项目编号：2021YQJK012）阶段性研究成果。

"双减"政策对学校管理者提出了新的要求。面对新的形势，笔者认为，一体化教学与教研是一种行之有效的整合实施策略。一体化教学与教研指的是教学与教研密切相关、相辅相成，教学的短板要通过教研去突破，教研的成果要通过教学去检验。本文探讨基于"1＋2＋N"共同体的"教学—教研—科研—培训—评价"一体化教学与教研的实践路径。

一、一体化教研的模式构建

在全球教育 4.0 发展背景下，《学习罗盘 2030》于 2019 年 5 月提出了建构"学生主体性"的重要概念，并作为未来教育发展的核心。广州市番禺区石碁片区通过"融乐·碁美"课堂打造高质量的教师团队，落实"立德树人""幸福育人"，实现片区一体化教研优质、可持续性发展的目标。

"1＋2＋N"共同体一体化教研模式以"立德树人""幸福育人"为奋斗目标，以 1 所公办中学、2 所民办九年一贯制、N 所小学及幼儿园为组织架构，以"一体三课六研"提升教师素养为主要内容，是在"五位一体"行动研究过程中实现资源共享、上下衔接、横纵贯通、合作共赢、优质均衡发展的一种创新教研实践模式。

第二层含义是以 1 个教育理念（"碁道育人"）、2 个教育团队（教师和学生）、N 种教育方法或策略，也就是以一种学区化落地的教育理念去统领镇域教育发展，实现"学生喜欢、家长满意、教师幸福和学校发展"的目的。

第三层含义是要实现一个目标（家门口好教育），抓好两个工程（质量提升和文化建设），通过 N 条线、N 个面上下联动、横纵贯通、多力并举，在教学教研中通过"五育并举""五育四评""多维观测"等方式促进教学质量提升和学科文化建设，最终实现"家门口好教育"的奋斗目标。

一是要处理好教师与变革的关系。学科教师要主动学习教学改革和课程改革的有关精神，把握改革方向。在教学中强调"学生主体性"构建。只有教师变化了、素养提升了，学生主动发展才会成为可能。一体化教研模式就是把教师看成是实践者、研究者和变革者。

二是要处理好教师与学生的关系。教师要认真研究教育规律和学生成长规律，善于运用先进的教学手段，改革课堂教学，打造和谐的师生关系，教学相长。

三是要处理好教师与学科的关系。教师要变知识传递者为激活者，变技能训练者为育人开发者，变能力宣讲者为个性创造者。在改变学生学习观念之前，教师要先转换育人观念，关注学生多方面、个性化发展。

二、一体化教学与教研的实践路径

"双减"政策重视"控量提质、轻负优质"，学校将发挥教育的主阵地作用，而教师乃教之本，这对教师的工作、学习提出了更高的要求。

一体化教学与教研的探索实践要打造具有良好示范、引领和辐射的研究型教师群体。通过整合资源、强化管理、团队培养、整体提升等实践路径，努力建设一支师德高尚、业务精湛、配置合理、充满活力的高素质名教师队伍，从而促进区域教育教学高质量发展。

"$1+2+N$"共同体名教师培养创新实践关键在做好以下"四个一"。

一是带好一支团队。教师团队建设要指引学生的幸福成长，通过"$1+2+N$"教研共同体的培养计划，促进学科教师提高教学质量，设法让每个成员在研究周期内能做到"教学上出样板、课堂上出精品、科研上出成果"，引领学科教学与教研一体化发展。

二是抓好一个项目。一体化教学与教研是解决"教"与"研"的有效策略。课题项目组要善于总结教学规律，准确把握教学改革的发展趋势，积极探寻新思路和新策略，依托有实际引领意义的课题研究，主动探索、破解学科教学的难题，开展适合当前教学改革的专项研讨。

三是做好一次展示。"1+2+N"共同体名教师培养除了要密切关注课堂教学外，还要鼓励每位成员积极投身到镇（街）级、区级乃至更高一级的公开课研讨，有目的、有计划地做好共同体成员教师的展示活动，让每一位教师都能发挥良好的辐射和引领作用，实现石碁片区优质均衡发展。

四是出好一批成果。"1+2+N"共同体为每个成员搭建成长的舞台，让每位教师通过有效的一体化教学与教研实践，积极提炼教学经验、教学实录、课题研究、专题讲座或论文著作等成果，以不同渠道、不同场合向外输出交流，扩大一体化教学与教研的影响，形成良好的区域辐射效应。

参考文献

[1]张娜，唐科莉. 以"幸福"为核心：来自国际组织的教改风向标——基于《2030 学习罗盘》与"教育 4.0 全球框架"的分析[J]. 中小学管理，2020(11)：28-30.

[2]罗滨，陈颖. 一体化教学与教研："深度学习"教学改进的区域实践[J]. 人民教育，2021(07)：10-13.

[3]周日桥. 中小学数学一体化教学[M]. 长春：吉林大学出版社，2020：9，42.

[4]周日桥. MM方式在高中数学"教·学·研一体化"中的应用探究[J]. 高中数理化，2021(05)：20-21.

[5]周日桥. 高中数学教师专业素养"1+2+3"培养模式探究[J]. 数学教学通讯，2020(10)：25-26.

[6]董筱婷，宋佳欣. 落实"双减"：根本之策在于全面提高学校教学质量[J]. 人民教育，2021(15-16)：33-35.

[7]林晓凤. "双减"成功关键：全面提高学校教学质量[N]. 贵州日报，2021-09-15.

[8]赵泽众. "双减"的根本是让教育回归[N]. 河北日报，2021-09-15.

[9]曾诚. "双减"之下，需给教师更多尊重和关爱[N]. 韶关日报，2021-09-13.

第三节　一体化教学与督导评价深入融合

以督学的积极作用助力城乡一体化教育奋进发展[①]

周日桥

2018 年是贯彻党的十九大精神的开局之年，是改革开放 40 周年，是决胜全面建成小康社会、实施"十三五"规划承上启下的关键一年，是教育系统实施"奋进之笔"的进取之年。教育部已经制定了总体方案，形成了"奋进之笔"任务书，明确了奋进的主攻方向和着力点。总的考虑是瞄准问题、准确定位、强化攻坚、体现协同。瞄准问题，就是要深入把握中央关心、群众关切、社会关注的问题，抓住主要矛盾，把短板补齐，把漏洞堵住；准确定位，就是把谋划重点放到各级各类教育发展的实践和迫切需求中来考虑；强化攻坚，就是聚焦重点领域、阶段性目标，强化资源倾斜、政策倾斜、力量倾斜，集中优势"火力"，确保完成攻坚任务；体现协同，就是突出协作配合，把攻坚举措加以整合，握紧拳头，形成合力。新时代思想指导下的义务教育阶段的督学工作，该加强学习哪些内容？该从哪些方面着力？该起到哪种角色作用？笔者认为，该从以下几方面努力。

一、了解督学的缘起

专家认为教育督学工作是教育管理工作的重要组成部分，督学工作自古有之，据《礼记》中记载的"天子视学"，三千多年前周文王幼年从学时，执掌政权的国君，每年按照严格的章制，亲自到学校进行"视导"，这就是我国最早的教育督学。这不仅说明了我国教育督学工作有本可源，而且还说明了教育督学工作在历史上就被作为教育管理的重要组成部分。新中国成立后，国

[①] 本文为广州市番禺区第四届优秀教育督导论文特等奖。

家教育委员会颁布了新中国第一部专门规定教育督导的规章——《教育督导暂行规定》，专门规定了教育督学，就教育督学的对象，督学人员的任职条件、培训、权责等做出了相关规定。2012年，国务院正式颁布、施行了《教育督导条例》，这是我国教育督导制度发展史上新的里程碑，它从立法上进一步完善了我国教育督学制度，促进了我国教育督学制度的规范化和法制化。近年来，《国家中长期教育改革和发展规划纲要（2010—2020年）》提出要进一步健全教育督导制度。建立相对独立的教育督导机构，独立行使督导职能。坚持督政与督学并重、监督与指导并重。这就进一步突出了教育督学工作。综上可知，自古以来，我国就非常重视教育督学工作，教育督学的相关制度也在不断地完善与发展。

二、理解督学的内涵

教育督导是教育督导机关依据国家相关法律与政策规定，依法对教育工作进行的监督、检查、评估与指导，旨在促进督导对象的发展，促进我国教育事业的发展，并为相关政策部门进行决策提供依据的活动。

督学从职位的角度来说，是指由政府通过选拔、考核、培训并任命的，通过教育督导工作对下级教育行政部门、政府相关部门及本辖区内的各级各类学校的教育教学工作进行监督、检查、评估和指导，促进国家教育政策和地方教育规章制度的落实，保障学校依法办学依法管理，促进教育教学质量的提高的专职工作人员。督学的职能是对各级各类学校的教学工作进行监督和指导，并对各级各类学校的教学质量进行评估，为各级各类学校依法办学、依法管理和提高教育、教学水平等提供建议和指导。

2015年4月15日，国务院教育督导办印发了《国家义务教育质量监测方案》（以下简称《方案》）。督学的工作就是严格按照《方案》，执行义务教育质量监测，他们需要全程参与监测，从前期的准备工作到中间的执行过程再到最后的收尾工作，每步都需要他们严格把关监督，做出相应的评价并给出建议。督学的工作范围是基础教育（包括中小学，幼儿园）、中等师范、职业中学；督学的性质是依据党和国家的教育方针、政策、法律、法规，按照督导程序，运用教育科学方法，对地方、教育行政部门和学校的教育教学工作的各个方面，进行督促与指导，通过调查和考核，实事求是地做出客观的分析和评价，肯定成绩、总结经验、指出问题、提出建议；督学的目的是对地方基础教育的发展速度、规模，教育与经济、社会以及教育内部的协调发展等重大决策进行指导，以端正办学方向，提高教育质量和社会效益，使我国的基础教育更好地适应当地社会主义建设的需要，为提高劳动者的素质和培养各类人才服务。

三、发挥督学的作用

一是为学校发展准确把脉。中医有望、闻、问、切这四种诊断疾病的方法。类似地，督学在教育教学中也类似于"名医"，"望"就是要学会观察，观察学校的外部条件。学校的外部条件从一定程度上能够反映其内部管理，要观察学校的教学工作，学生上课的情境，课间及课后的情况。"闻"就是听取学校教师、工作人员等的声音。观察完之后，督学对学校的基本情况就有了初步的判断，接下来就要深入内部管理，发现实质问题。继续视听课堂及学校各种工作会议、主题报告会等，通过多种途径收集学校信息。"问"就是对学校的领导、教师、学生以及社会各界人士进行访问调查。一般采用口头调查、座谈调查和问卷调查的方式，但在调查前一定要清楚此次的调查目的和调查内容，以便收集到更多有效的信息。"切"就是对前三步得到的信息进行分析。督学可以邀请相关专家团队一起对学校的整体工作进行客观分析，有意识地查找问题，全方位分析成因，准确为学校的发展把脉，发现学校的问题所在。

二是为学校发展提供指导。在了解了学校的情况及存在的问题后，督学的职责重在指导。在教育督导的过程中，督学应该从学校、教师的长远发展以及学生的全面发展出发，针对学校存在的问题，结合自己的专业素养，将教育理念贯穿到具体的教育督导工作中，并融入学校的建设中去。督学要充分发挥自己的创新才能，提出学校整改方案，给出建设性的意见，促进学校整体水平的提高。

三是对教学质量进行监督。监督、检查中小学的教育教学过程是督学最本职的工作，也是提高基础教育质量的关键。教学效果是教育质量最直接的反映，而教学效果就体现在教学过程中。因此，督学就是通过对教学过程的全程监控，使得教学质量得以保证。督学监督的对象包括教学过程中的全部要素：教学目标、教学计划、教学硬件设施、课堂教学过程、教师和学生的表现等。督学的教学监督工作是一项长期任务，贯穿于教学过程的始终，要求督学全身心地参与其中，积极、主动地为中小学的基础教育、教学工作提出创造性的意见和想法。

四是对学校发展做出评价。在教育督导的过程中，督学应采用开放式的质性评价方法，对学校、教师和学生进行评价，摒弃传统的重结果、轻过程的评价方式。例如，对学生的学业评价可以采用表现性评价、过程性评价、成长记录袋等方式，更好地促进学生的全面发展；对教师的教学评价可以采用教师反思性自评、过程性评价等方式，使教师更好地提升自身的专业素养；对学校则要指导其进行自我评价，可以由教育局采取措施来促进学校的自我评价工作，如下发相应文件等。发展性督导评价是指运用教育督导手段，借助督导专家的力量，推动学校凝练办学特色，形成核心竞争力，不断提高基础教育质量，实现学校的可持续发展。

四、演好督学的角色

一是要演好专家角色。督学是一项具有很强专业性的工作，因此督学必须要有过硬的专业素养。督学大多是有着丰富的工作经验和专业知识素养的工作者，他们可以指导学校工作的方方面面，无论是教学工作，还是学校管理工作；无论是教师的教育培养，还是学生的教育问题，督学都可以用他们专业的知识进行指导，所以说，督学是作为教育专家来指导学校的基础教育工作的。

二是要演好伙伴角色。督学从事的是一项长期而艰巨的任务，必须要深入学校内部才能更好地开展工作。因此，督学应该摆脱单纯的领导和裁判的角色，努力让自己与学校的领导、教师和学生成为良师益友。督学要充分调动学校的领导、教师和学生的积极性、主动性和创造性，使自己融入学校之中，成为学校的一员，与学校建立民主、平等、和谐的合作伙伴关系，与学校的领导、教师和学生的目标保持一致，职责共担。督学与学校应该是平等、宽容、彼此信任的关系，只有这样，才能更好地发现学校存在的问题，并给出建设性的意见。

三是要演好领导角色。对于学校来说，督学是上级派来的领导者，拥有绝对的权威。他们肩负领导的使命来对中小学进行视察，对学校基础教育的各方面工作展开监督、指导，包括学校的硬件设施、软件建设、课程设置、课程计划、教学管理、师资力量、学生水平等方面。他们对中小学的教学质量进行监督、检查，然后诊断其中存在的问题，提出相应的改进建议并进行评价，最后还要向上级领导提交督导报告，汇报工作情况。对于上级领导的检查安排，学校要充分服从，在思想上和行动上都必须配合并大力支持督学的工作。但是，学校要改变以往的为应付检查而做的形式化的表面工作，而督学要深入学校并能与学校的领导和教师成为朋友，成为具有亲和力的领导。

四是要演好执行角色。督学是根据国务院法制办公室下发的各种政策方案，实施基础教育质量监测的执行者。2007年，我国成立了教育部基础教育质量监测中心，监测中心的任务是对基础教育阶段学生的学习质量和身心健康状况以及影响学生发展的相关因素进行全面、系统、深入的监测，并准确地向国家报告基础教育质量的现状，为教育决策提供信息、依据和建议。通过监测数据和监测结果的发布，引导家长、教师、学校和社会树立正确的教育质量观，促进亿万中国儿童、青少年身心健康发展。

教育督学是个好制度，应当长期坚持。然而，在实行的过程中，有几个概念应加以明确，要防止一种倾向掩盖另一种倾向。其一，应当明确"督学不是钦差大臣"。从公共事业管理学的角度来说，督学应当属于"违规违纪管理"，所体现的是"政策与人民意愿的一致性"。把督学比喻为"片儿警"很形象，还可以类比为"无冕之王"。所谓"无冕"是指他没有直接的行政权力，说他是"王"是指他可以不受限制地直接向当事人及政府报告学校"违规违纪行为并责令其纠正"。在这一点上，他代表着法规和民意的权威。其二，应当明确"督学"本人是没有"一票否决权"的。实际上督学并没有关于奖惩的"投票权"，只有向有关部门和相关人员陈述客观事实及相应的建议权。具体的奖惩要由政府职能部门做出。"一票否决"不宜滥提滥用。其三，督学不参加学校日常工作管理，不能对学校日常工作掣肘。因此，一般不宜列席学校行政工作会议。

教育督学由政府教育主管部门聘用并管辖，无编制，相当于调研监督员，既代表政府部门维护法规的权威性，又代表民意的表达，体现了"儿童通天"的原则（即儿童权益不受限制地表达并受到法律最大限度的保护）。从这个意义上说，教育督学是个好制度。好就好在它能够阻滞消极的办学因素蔓延，激发、促进积极的办学因素发生、发展。假如我们认为督学就是在学校现有的制度上再加一道"紧箍咒"，给学校平添了一个"婆婆"，那这部好经就被念歪了。因此，管理好督学制度不能掉以轻心。

参考文献

[1]教育部长陈宝生在全国教育工作会议上的讲话[EB/OL].中国教育报，2018(01).http：//www. 360doc. com/content/18/0208/23/1609415＿728719283. shtml.

[2]徐海峰.职业教育督导的意义、内涵与特点[J].职教论坛，2015(22)：5-8.

[3]苏慧敏，吴靖.关注教学质量 建立科学的高校教学督导制度[J].当代教育论坛（学科教育研究），2008(2)：77-78.

[4]丁笑梅.英国学校发展性督导评价改革及其启示[J].比较教育研究，2003(08)：31-33.

[5]苏君阳.教育督导学[M].北京：北京师范大学出版社，2012：23-39.

中小学阶段综合素质一体化评价探索①

周日桥

【摘要】中小学阶段是学生发展最迅速、最重要的时期，是学生良好的品德修养形成、习惯养成、潜能发挥和素养提升的关键时期，同时又面临沉重的课业负担和巨大的升学压力。本文从教育改革内在要求入手，简述综合素

---

① 本文发表于中国教育学会教育实验研究分会会刊《新课程研究》2019 年第 17 期。

质评价提出的背景、内涵和作用，探讨了开展综合素质一体化评价的方法和改进策略，以期促进学生的全面发展。

【关键词】综合素质评价；督导；一体化

【基金项目】本文系广州市教育科学"十三五"规划 2018 年度立项课题"构建培养中小学数学核心素养的一体化策略研究"（项目编号：201811751）、广州市教育研究院 2018 年度教育政策研究课题"新高考背景下高中走班制管理的策略研究"（项目编号：ZCYJ18079）的阶段性研究成果。

中小学综合素质评价是素质教育评价体系的基本价值取向，也是建构素质教育评价观的内在要求，为学生综合素质的提升寻找变革的支撑和依据。评价最重要的意图不是为了证明，而是为了改进。综合素质评价是新高考背景下教育深化改革的迫切需要，是新课程改革和发展的必然需求，是保证素质教育实施的先决条件。

一、综合素质评价提出的背景和内涵

卢梭提出的"自然教育思想"与杜威提出的"社会教育思想"为综合素质评价提供了思想基础和解释依据。马克思在《德意志意识形态》中提出"人的全面发展"及"泰勒原理"的应用，心理学及教育学界等领域开始对综合素质理论进行研究。

2002 年，教育部《关于积极推进中小学评价与考试制度改革的通知》为开展综合素质评价提供了直接的政策依据，教育部《关于全面深化课程改革落实立德树人根本任务的意见》和 2014 年教育部提出的高考制度"两依据、一参考"等系列政策文件，接续推动了综合素质评价研究向纵深发展。

由上可知，综合素质评价的内涵包括三个方面：一是引导基础教育要更加关注学生的全面发展；二是由以往的结果性评价慢慢过渡到过程性评价，改变"一考定终身"的应试弊端；三是更加重视个体的个性化发展（如"选课走班"），更有利于创新人才的培养。

二、综合素质一体化评价的导向作用

教育部《关于推进中小学教育质量综合评价改革的意见》指出综合素质评价的主要作用如下。

1. 一体化评价促进学生全面发展

综合素质评价包括德、智、体、美、劳等内容，能够全面反映学生的发展状况。学校要创造条件将综合素质评价与日常管理、教学目标、课程建设、文化活动等结合起来，实施一体化策略，让教师、学生和家长都能发现学生的闪光点。

2. 提高学生的学习主动性

教育部提出综合评价改革的意见，是重视学生全面发展的表现。教师要引导学生科学掌握基本知识、基本技能、基本思想和基本体验，提高学生主动应用知识解决现实问题的实践能力，强化其创新意识，使学生通过主动探索体验成功的喜悦。

3. 提高学生的综合素质

教育是使学生从校园化、社团化走向社会化的过程与途径，综合素质评价改变了单一的评价方式，从关注成绩转变为发现和发展学生的多方面潜能，帮助学生形成自强、自信的学习品质，实现身心健康、人格健全、学有所长的教育目标，提升学生的思想品德修养，培养学生的担当精神和责任意识，提高他们适应社会的能力。

4. 有助于学生的个性化发展

综合素质评价能够关注学生的个性化发展，引导教育者根据学生的实际情况因地制宜、因材施教，搭建学生自我体验、自我展示、自我激励的平台。

5. 多方位互动促进减负增效

不少学生在学习过程中出现厌学、测试焦虑等现象。运用综合素质评价体系，可使教师更关注学生的全面发展，学生更关注自身的个性化发展，有利于构建和谐的师生关系，形成教学相长的良好教风、学风。

三、综合素质一体化评价的方法

1. 测试评价法

测试是常用方法和重要手段，在综合素质评价中起着重要的导向性作用，主要是由于：一是封闭性，为体现准确性和公正性，测试一般在封闭场所进行，重视试题的严密性；二是精确性，测试前要确定内容，有的要做信度、效度检验；三是多样性，如著名的 PISA 测试、课程考试、升学考试、学业水平考试等。

2. 档案袋评价法

档案袋评价是指教师根据教学目标与计划，请学生依据特定目的，持续一段时间主动且系统地收集、组织与反思学习成果的档案，以评定其努力、进步、成长情形。档案袋评价是一种融合发展性评价、多元评价、过程性评价等为一体的综合评价方法。其特点如下：一是开放性较大、持续时间长；二是记录性和描述性较强；三是手段多样、范围较广，如展示型、文件型、评价型和课堂型等。

3. 表现性评价法

表现性评价是为测量学习者运用先前所获得的知识解决新问题或者完成特定任务能力的一系列尝试，具体来说就是运用真实的生活或模拟的评价练习来引发最初的反应，由高水平评价者按照一定标准进行直接观察、评价。表现性评价法的特点有：一是开放时间可长可短，二是在专业水平上的综合评价；三是形式可以是书面报告、现场汇报、实验操作、作品展示等。

四、综合素质一体化评价的改进策略

中小学综合素质评价是促进我国基础教育改革的重要环节，完善中小学综合素质评价是保障我国基础教育改革顺利进行的必然要求。

1. 及时反思，加强教师教学研究

教师在教学工作中要加强研究、学会反思，教学反思是教师更新教学观念、改变教学行为的过程。在实施综合素质评价的过程中，教师尤其要做好以下三点：一是将过程性评价和结果性评价相结合；二是将综合性评价和发

展性评价相结合；三是将多元化评价与权威性评价相结合。

2. 以评促教，加强教育管理研究

在教育管理过程中，要充分发挥综合素质评价的导向作用，以评价为契机，促进学生的全面发展。学校要将综合素质测评标准作为一定时期内的教育目标与学生发展目标，避免出现为了评价而评价、为了完成任务而评价、考试成绩是衡量学生的唯一标准等错误导向。

3. 改进措施，加强教育方法研究

要加强培训，提升教师的评价水平。综合素质评价方案的制定者应参与对各级教育行政人员的培训，让教师对评价方法的基础理念、产生背景等有详细的了解，并将这些方法与教学融合起来，充分发挥这些评价方法的作用。此外，还可以利用信息网络技术，构建学生综合素质评价的网络系统或信息平台。

综合素质评价是开展教育质量评价的核心内容，教师要根据学生的实际发展水平，积极利用评价的导向作用，采用多种有效方法，对中小学学生素质进行全方位、全过程、多渠道认证的教育评价，以此更好地助力学生的长远发展。

参考文献

[1] 吴钢，潘倩青，孙巧荣. 小学生综合素质评价的实践与反思：以上海市 J 小学为例[J]. 教育测量与评价，2017(3)：17-19.

[2] 王永利. 中小学生综合素质评价方法及其改进[J]. 教学研究，2017(5)：112-114.

[3] 靳桂英. 浅议中小学生素质综合评价[J]. 学周刊，2016(11)：120-121.

第四节　一体化教学与"五育并举"深入融合

文化德育与中学数学教学一体化融合策略[①]
——基于《学习罗盘2030》的分析探究

周日桥

【摘要】教育部颁发的《中小学德育工作指南》指出："引导学生准确理解和把握社会主义核心价值观的深刻内涵和实践要求。"中学时代正是学生道德观和世界观形成的重要时期，如何涵养学生的道德品质、审美情趣和文化自信？如何发展学生数学核心素养？笔者认为，文化德育与数学教学一体化融合是一种基于《学习罗盘2030》将"幸福"置于学生发展的有效策略。

【关键词】文化德育；"学习罗盘2030"；中学数学；一体化融合

【基金项目】本文系广东省教育科学"十四五"规划2021年度立项课题"基于《学习罗盘2030》的中小学数学一体化教学实践研究"（项目编号：2021YQJK012）、中国教科院粤港澳大湾区教育发展专项研究2020年度立项课题"粤港澳大湾区背景下'1＋2＋N'教师教育共同体发展研究"（项目编号：GBAJY-YB202001）阶段性研究成果。

习近平总书记在党的十九大报告中强调："文化是一个国家、一个民族的灵魂。文化兴国运兴，文化强民族强。没有高度的文化自信，没有文化的繁荣兴盛，就没有中华民族伟大复兴。"教育部颁发的《中小学德育工作指南》明确指出："培养学生爱党爱国爱人民，增强国家意识和社会责任意识，教育学生理解、认同和拥护国家政治制度，了解中华优秀传统文化和革命文化、社会主义先进文化，增强中国特色社会主义道路自信、理论自信、制度自信、文化自信，引导学生准确理解和把握社会主义核心价值观的深刻内涵和实践要求。"

---

① 本文发表在省级教育学术期刊《新课程导学》2021年第12期。

教育是为未来做准备的。面向未来，中学应怎样创新教育模式、变革教学方式，以培养适应新时代要求的创新型人才？2019 年 5 月，经济合作与发展组织（OECD）发布了《学习罗盘 2030》（"Learning Compass 2030"），试图指引全球教育系统及更大生态系统的变革。中学时代正是学生道德观和世界观形成的重要时期，新课标中也指出在数学教育中要涵养学生的道德品质、审美情趣和文化自信，发展学生数学素养。笔者认为，文化德育与数学教学一体化融合是一种基于《学习罗盘 2030》将"幸福"置于学生发展的有效策略。

一、文化德育的有关简述

文化在拉丁文中为 cultus，由 colere 演化而来。原意是开发、开化的意思。《辞海》对文化的界定为："广义指人类在社会实践过程中所获得的物质、精神的生产能力和创造的物质、精神财富的总和；狭义指精神生产能力和精神产品，包括一切社会意识形态：自然科学、科技科学、社会意识形态。"德育有广义和狭义之分，广义的德育可看成是政治、思想和道德品质的教育，是指将一定社会或阶级的思想观点、政治准则、道德规范转化为个体思想品德的教育活动。狭义的德育即指道德教育。

文化德育是指为了落实立德树人的根本任务，根据人们认识文化的价值和意义及其发展规律，自觉承担文化发展的使命与责任，以优秀文化陶冶学生的道德情操，把学生培养成有理想信念、创新思维和文化自信的新时代建设者。

二、文化德育在数学教学中的主要作用

第斯多惠说过："教学的艺术不存在于传授本领，而在于激励、唤醒、鼓舞。""学必以德为本"，基于《学习罗盘 2030》，文化德育在中学数学的良好渗透，可增添课程教学的文化内涵，可激励学生从不同角度、不同层次去认识数学，可唤醒学生的深度学习和高阶思维，可更好地培育学生的数学素养，具体表现在以下几方面。

1. 厚植学生的爱国主义情怀

例 1 （2015 年全国卷 I 理 6）《九章算术》是我国古代内容极为丰富的数

学名著，书中有如下问题："今有委米依垣内角，下周八尺，高五尺。问：积及为米几何？"其意思为："在屋内墙角处堆放米（如图 55 所示，米堆为一个圆锥的四分之一），米堆底部的弧度为 8 尺，米堆的高为 5 尺，问米堆的体积和堆放的米各为多少？"已知 1 斛米的体积约为 1.62 立方尺，圆周率约为 3，估算出堆放的米约有（　）。

图 55

    A. 14 斛   B. 22 斛   C. 36 斛   D. 66 斛

　　很多教师在高三复习时可能讲解完这题目就结束了，这就错过了文化德育渗透的最好机会。教学中不妨继续深挖：①关于《九章算术》。这是我国第一部数学专著，全书总结战国、秦、汉期间的数学发展成就，最早提到分数和盈不足等问题，世上首次论述负数及其加减运算法则，是当时数学史上最简练有效的应用数学。②关于圆周率。我国古代数学家、圆周率之父祖冲之计算出圆周率（π）在 3.141 592 6 和 3.141 592 7 之间，比西方早 1 000 多年，对以后的数学发展研究有突出贡献和深远意义。此外，祖冲之曾任昆山县令，用圆周率的计算方法巧断"弧田案"；为保护耕牛搭建牛车棚；仿制诸葛亮设计的"木牛流马"解决运输问题；制造带机械动力的"千里船"，昆山人民心怀感恩，将每年 3 月 14 日命名为"祖冲之纪念日"。③关于粮食（米）。我国人口多、耕地少，数字"1"虽小，而无"1"就无"千"和"万"。倘若每人节约 1 粒米，全国就可节约约 1 097 kg 粮食。教学中引导学生养成勤俭节约的好习惯，要节约每一粒粮食。

　　在教学中渗透文化德育，善于挖掘教材中蕴涵丰富、生动的爱国主义教育素材，可以有效增强学生的民族自豪感，激发热爱祖国的思想感情，坚定为国争光的决心和信心。

　　2. 构建学生的核心价值观

　　例 2　（2020 年全国卷Ⅰ理 23）已知函数 $f(x)=|3x+1|-2|x-1|$。

　　(1)画出 $y=f(x)$ 的图像；(2)求不等式 $f(x)>f(x+1)$ 的解集。

如图 56～图 58 所示。

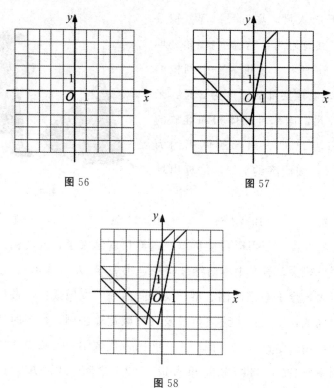

图 56   图 57

图 58

　　随着新课程改革的不断深化，教师可根据某些特定内容将文化德育融入其中，引导学生构建积极正面的核心价值观。如上题的分析讲解后，教师不要急于进入下一个学习内容，可充分利用上面三幅图做点"文章"：指引全体学生看到"平面直角坐标系"（图 56），让学生认识到我们所处的整个社会其实就是一个坐标系（没有边际的），毕业进入社会找工作，实际上就是在社会（坐标系）上寻找自己的位置（点），从而教育学生要树立正确的人生观和价值观，找准自己的方向和位置。

　　第(1)小题的 $y=f(x)$ 的图像如图 57 所示，将函数 $y=f(x)$ 的图像向左平移 1 个单位长度后得到函数 $y=f(x+1)$ 的图像（图 58）。引导学生认识到解决数学问题除了要具备扎实的基础知识外，还应该具备正确的思考方向（找准方向）和灵活的解题方法（巧妙平移），这也说明教学中要不断构建学生的核心价值观，让学生端正人生态度，努力追逐自己的梦想，获取人生道路上更多的胜利。

3. 培养学生的集体主义精神

例 3　(2020 年全国卷Ⅰ文 6)已知圆 $x^2+y^2-6x=0$，过点(1，2)的直线被该圆所截得的弦的长度的最小值为(　　)

A. 1　　　　　　B. 2　　　　　　C. 3　　　　　　D. 4

课堂上倘若教师在分析完题目后，及时渗透文化德育，学生对数学的喜欢程度就大不一样。教师可对"圆"进行巧妙的发散与延伸，引导学生认识到：我们每个人就像圆上的一个个独立、孤立的点，我们的团队、班集体甚至整个社会就好像一个大大的圆，集体的荣誉、成就和形象与每个同学的努力是密切相关的。如果大家没有规矩意识(圆上的点到圆心的距离相等)，不能遵守好集体纪律，不能处理好师生、生生关系，不能处理好个人利益和集体利益的关系，就会像不在圆上的点一样，游离或脱离于集体之外。像这样，通过形象比喻，有效将德育融入数学教学，给学生正面的思想引导，达到"德育""智育"两丰收。

4. 训练学生的辩证思维能力

例 4　(2020 年全国卷Ⅰ理 12)若 $2^a+\log_2 a=4^b+2\log_4 b$，则(　　)

A. $a>2b$　　　　B. $a<2b$　　　　C. $a>b^2$　　　　D. $a<b^2$

本题不仅考查学生运用知识分析、解决问题的能力，也考查学生的观察能力、运算能力、推理判断能力与灵活运用知识的综合能力，很好地考查了学生的批判性思维。借此机会，引导学生认识现实世界遵循辩证唯物主义客观规律运动、发展和变化，培养学生用唯物辩证法去观察、分析和解决现实问题，如在函数、方程、不等式等之间的相等(不等)关系和相依关系，其中的辩证关系非常巧妙而又和谐地融入教学中，提出数与数、形与形、数与形之间的制约联系，以及运动、变化、发展的辩证关系。通过深入强化有关训练，不仅使学生掌握了其中的核心知识，而且大大提升了学生的思维素养和思维品质。

三、基于《学习罗盘 2030》的一体化融合策略

1. 以幸福感为目标一体化创设教学情景

《学习罗盘 2030》将"幸福(well-being)"置于人类发展的核心位置。叶澜教

授指出：PISA 2018 结果中我们的成绩很高，但学生的幸福感却不高。如果学生在课堂不爱学习，没有一节课让他高兴，孩子会很痛苦。所以，创设教学情景首要考虑的就是学生是否喜欢，只有学生欢喜了，才能真正体验到学习之美。

如在学习"椭圆及其标准方程"时，可以通过讲述神舟飞船载人成功的伟大创举，激发学生的爱国热情和民族自豪感；在教学"勾股定理"时，可以介绍成书于公元前 1 世纪的《周髀算经》，其中记载按 3∶4∶5 比例就能构成直角三角形，周朝数学家商高发现直角三角形的独有特性（即勾股定理），比西方早了约 5 个世纪；在引入"比例线段"时，通过黄金分割比例、对称性图像、符号语言等，不断陶冶学生的艺术情操，增强他们的民族归属感，让学生的德育品质和艺术素养协同发展。

2. 以学习罗盘为导航一体化培育核心素养

《学习罗盘 2030》强调如何利用知识、技能、态度与价值观，帮助学生实现"在陌生环境中自定航向（navigating oneself）"。近几年的高考数学，都不同程度地考查数学文化和数学应用，尤其是一些题目背景设计新颖、考生感到陌生的情形，往往令考生惊惶失措，无从下笔，影响正常水平的发挥。这就要求教师在平时的教学中有意识地帮助学生"在陌生环境中自定航向"。

如在引入"平面直角坐标系"时，可介绍笛卡尔卧病在床看到蜘蛛吊在墙角，发明了坐标系，强化学习意识；在零指数和负整指数幂的教学中，引入矛盾到矛盾的产生、解决，强化问题意识；"鸡兔同笼"的鼻祖是《孙子算经》中的"今有雉兔同笼，上有三十五头，下有九十四足，问雉兔各几何"。此类问题涉及转化与化归、数形结合、方程和建模等思想，方法多样，对学生逻辑推理、数学运算和数学建模等核心素养都有考查，能够帮助学生培养浓厚的学习兴趣、树立学好数学的信心，进而增强民族自豪感和文化自信。

3. 以变革能力为导向一体化培养创新思维

《学习罗盘 2030》特别强调"变革能力"（transformative competencies）是当前核心素养的重中之重。变革能力可以通过反思、创新思维、期望和行动过程习得。

如在学习一次函数与二次函数、方程与不等式等知识点时，剖析其中的联系与区别，培养转化与化归意识；在讲授正数与负数、常量与变量、有理数与无理数、直线与曲线、指数与对数、函数与反函数等关系时，将辩证唯物主义的核心内容——对立统一规律渗透进去；在学习"统计"时，可让学生统计一天、一周、一个月的一次性筷子和塑料餐具，了解其中的化学成分、分解塑料所需的时间、使用带来的危害等，最后通过统计数据，想出解决对策，思考如何保护环境？将"绿水青山就是金山银山"的文化德育内化于心，外化于行。

《学习罗盘 2030》也指出，数字化素养和数据素养正变得与学生的身体健康和心理幸福一样重要。所以，文化德育融入数学教学一定要注意方法和策略，切不可喧宾夺主，要考虑渗透的可行性、自觉性和反复性，要深入挖掘教材德育内涵、完善德育教学架构，真正实现学生、教师双幸福和德育、智育共发展。

参考文献

[1]谭小华. 基于文化自信的德育校本课程开发[J]. 广东教育，2019(10)：71-72.

[2]周日桥.《学习罗盘 2030》导向的客家文化德育功能研究[J]. 中小学班主任，2021(8)：48-49.

[3]周日桥. 对 2018 年高考数学全国卷Ⅰ的认知分析与单元一体化教学建议[J]. 中学数学教学参考，2019(3)：56-57.

[4]MM 方式在高中数学"教·学·研一体化"中的应用探究[J]. 高中数理化，2021(10)：20-21.

[5]周日桥. 高中数学教师专业素养"1＋2＋3"培养模式探究[J]. 数学教学通讯，2020(10)：25-26.

[6]张娜，唐科莉. 以"幸福"为核心：来自国际组织的教改风向标——基于《2030 学习罗盘》与"教育 4.0 全球框架"的分析[J]. 中小学管理，2020(11)：28-30.

[7]刘咏梅，刘军，廖云儿. 关于数学文化的几个问题的哲学思考[J]. 数学教育学报，2009(2)：18-22.

[8]杨娜. 高校校园体育文化德育价值研究[D]. 北京：北京体育大学，2016.

[9]解恒军. 浅谈小学数学教学中德育和智育渗透[J]. 黑河教育，2020(11)：45-46.

[10]洪小娟. 在数学教学中渗透德育教育的策略[J]. 理科爱好者，2020(5)：75-76.

《学习罗盘 2030》导向的客家文化德育功能研究①

周日桥

【摘要】科技给工作、生活带来了很多便利，社会发展变化对青少年的教育期待也随之变化。根据《学习罗盘 2030》的导向，教育应帮助青少年"在陌生环境中自定航向"，帮助他们树立文化自信。客家人在长期发展中凝练出的客家精神和客家文化，对青少年的成长又有哪些帮助呢？

【关键词】"学习罗盘 2030"；客家文化；学校德育；幸福育人

【基金项目】本文系 2019 年广州市教育政策课题"客家文化视野下校本课程开发的理论与实践研究"（项目编号：DZCYJ1959）、广东省教育科学"十三五"规划 2019 年度重点立项课题"'基道育人'理念推进区域教育优质均衡发展的实践研究"（项目编号：2019ZQJK001）、教育部教师工作司委托课题"中小学数学教师信息化教学能力显著提升的研究与实践"（项目编号：JSSKT2020012）的子课题研究成果。

当社会环境发生变化时，对青少年的期待也同步变化。怎样通过教育帮助青少年成长？笔者从 2019 年 5 月 OECD 发布的《学习罗盘 2030》中找到了方向。《学习罗盘 2030》提出建构"学生主体性"的重要概念，强调培养学生创造新价值、协调矛盾困境、承担责任的能力，并拥有终身学习的热情，具备通用知识和专业知识，为未来做好准备。新时代人才应在传承中华优秀传统文化的基础上，用发展的思维实现与时俱进。"五洲客家音，四海桑梓情"，客家人在长期迁徙发展中凝练出客家精神和文化，本文基于《学习罗盘 2030》导向研究客家文化的德育功能对青少年成长的作用。

---

① 本文发表在中国基础教育期刊《中小学班主任》2021 年第 08 期。

一、客家文化的缘起

中原汉人由于要逃避战乱，从西晋末开始南迁。"客家五次大迁徙"分别是：第一次是西晋末年的"八王之乱"，以及匈奴、鲜卑、羯等少数民族侵扰，导致"衣冠南渡"；第二次是唐朝末年"安史之乱"和黄巢起义，迫使大量中原汉人再次南迁；第三次是北宋末年"靖康之变"；第四次是南宋末年到明末清初；第五次是太平天国运动期间，动乱使客家人进行了又一次大迁徙，不少客家人被迫离开国土，下南洋。对此，《环球客家》《客家文学》等各类客家学术期刊，全方位、多角度地阐述了客家文化的地位和作用。客家人的刻苦、仁慈、开拓进取等优秀品质对学生德育能够起到积极影响。

二、客家文化的德育价值

《学习罗盘2030》中提到的"能力"，是广义的能力，不仅指专业知识和技能，还包括获得知识技能的学习能力和运用能力，最终实现自身、社会和全球的福祉。"凡有中国人的地方就有客家人"，客家文化资源具有重要的德育价值，发挥其文化精神和智慧价值有利于培养学生的文化自信和爱国爱乡情怀，树立正确的人生观、价值观和世界观。

1. 客家文化有利于厚植核心价值观

中华优秀传统文化是我们宝贵的精神财富，而客家文化尤其重视言传身教。一方水土养育一方人，对于客家青少年而言，在成长过程中深受长辈言谈举止的影响。他们从小听"食有食样，坐有坐相""早睡早起，存谷堆米；晚睡晚起，锅头吊起"等客家古训，耳濡目染客家祠堂门匾"理学传家""三省流芳""积善余庆"等，门楼对联"仁义能招天下客，守信可取世间财"等，这样独特深厚的客家文化代代相传。正因为客家人的勤奋刻苦、崇祖睦邻、勇于开拓等人文精神有着深厚的根基，所以客家文化对培养青少年的学习能力，学习先祖的创业精神、为人处世的智慧，传承家风古训，厚植自身的核心价值观作用显著。

2. 客家文化有利于增强爱国爱乡情怀

爱国主义从热爱家乡开始，客家人在长期背井离乡的迁徙中"他乡即故乡"，形成独特而深厚的乡土情结。而客家文化是客家人的身份标识，是保持族群认可和精神团结的文化符号。放眼世界，海外的客家人爱乡爱国。比如，世界客属恳亲大会成为国际上最具影响力的华人盛会之一，以弘扬客家精神，团结海内外客家人，促进经济和文化发展为宗旨，让世代客家人记住自己的根，有效地增强他们的爱国爱乡情怀。

3. 客家文化有利于拓展学校影响力

将客家文化引入课堂是客属地区学校特色定位的方向之一。例如，在音乐课程中可以引进客家山歌，在道德与法治课程中引入客家古训，在语文教学中引入客家话、客家风俗等。客家文化是一本乡土文化的教育读本，对传承客家精神具有重要意义。学校应充分利用客家独特的教育资源，将客家文化渗透其中，形成有特色的校本课程，拓展学校影响力；要因地制宜，发挥区域优势，让学生从小在客家文化的熏陶中成长，进而提升学生整体素养。

三、开发构建具有客家特色的校本课程

《学习罗盘 2030》强调四个核心基础能力：一是身心健康基础，二是数字和数据素养，三是社会和情感基础，四是识字和计算能力。因此，客家文化校本课程的开发和构建，要充分考虑是否对学生的身心健康有益，是否能增强学生的社会认同感，是否能培养学生基本的读写算能力及适应未来的数字化生活。

1. 要体现德育功能和社会认同感

客家文化是客家人通过自己的智慧在不同的地域环境中创造出的丰富多彩的独特文化。从居住的围龙楼到客家服饰，从客家饮食到耕种劳作，优良严格的家风家训以及丰富多彩的民俗活动，无不展现客家人的品格与智慧。独立而合群的客家人，无论是在哪个地区，都能安居乐业、与邻睦处，为当地的经济和文化发展做贡献。笔者曾对客属地区学校进行调查，发现大部分学生对客家文化有强烈的亲切感和认同感，不少当地民居指出"现在很多客家青少年不会讲客家话，有的甚至误认为自己是少数民族，客家风俗日渐淡化"。可见，增加客家文化的课程与活动是颇具社会意义的。

2. 要体现有益健康和家国情怀

客家文化可融进课程建设、教材分析、综合实践和第二课堂等有益师生身心健康的校园活动，从而打造具有地方特色的校本课程品牌。例如，在数学课程中对客家围龙屋的设计、测量进行探究性学习；在综合活动课程中可就地取材，通过参观当地围龙屋，观察其共性和不同点；组织学生到当地博物馆参观了解客家历史、民俗；在校本课程中增加民俗的知识，设置学生采访作业，以深入了解客家风俗、助力学生课内外实践活动的深化，培养学生"坚韧不拔、开拓创新、爱国报国、崇文乐学"的家国情怀。

3. 要体现适应未来数字化生活

客家文化与人们的生活息息相关。无论是物质文化遗产还是非物质文化遗产，校本课程都应体现传统性和时代性特点，要适应未来智能化、数字化生活，并将《学习罗盘 2030》四个核心基础能力渗透其中。比如围龙屋的翻新、维修甚至改造，应在展示数字化智能化的同时保留围龙屋的风骨，体现当地价值观念。

参考文献

[1]谭小华.基于文化自信的德育校本课程开发[J].广东教育，2019(10)：71-72.

[2]周日桥.高中数学教师专业素养"1＋2＋3"培养模式探究[J].数学教学通讯，2020(10)：25-26.

[3]张娜，唐科莉.以"幸福"为核心：来自国际组织的教改风向标——基于《2030 学习罗盘》与"教育 4.0 全球框架"的分析[J].中小学管理，2020(11)：28-30.

以"幸福"为核心：音乐融入高中数学一体化教学实践①

周日桥　黄安娜

【摘要】一说到音乐，人们通常会认为音乐是高雅、有趣、艺术的，有丰

---

① 本文发表在国家级学术期刊《教育学文摘》2021年第10期。

富的艺术情感和想象艺术。而一说到数学，人们通常会感到抽象、难懂、枯燥的，觉得音乐与数学是处于两条平行线上。然而，研究音乐与数学的关系一直是个热门课题，《学习罗盘 2030》将"幸福"置于人类发展的核心位置，为未来教育设置了新愿景。笔者认为，未来教学应以"幸福"为核心，理顺音乐与数学的关系，通过一体化探究渗透本质意识、一体化课程整合多元价值和一体化素养提升美育功能等融合策略，有效促进学生的全面和谐发展。

【关键词】学习罗盘 2030；音乐融入数学；一体化教学；共同体教育。

【基金项目】本文系广东省教育科学"十四五"规划 2021 年度立项课题"基于《学习罗盘 2030》的中小学数学一体化教学实践研究"（项目编号：2021YQJK012）、广州市番禺区教育科学"十四五"规划 2021 年度重点课题"核心素养下古诗词融入小学音乐'融·乐'教学策略研究"（项目编号：2021-PY465）、中国教科院粤港澳大湾区教育发展专项研究 2020 年度立项课题"粤港澳大湾区背景下'$1+2+N$'教师教育共同体发展研究"（项目编号：GBAJY－YB202001）阶段性研究成果。

一、引言

由古至今，研究音乐与数学的关系一直是个热门课题，音乐中渗透着各种数学思想和数学方法，两者用不同方式描述和揭示自然界的和谐统一，具有密切的关系。《学习罗盘 2030》将"幸福"置于人类发展的核心位置，为未来教育设置了新愿景。笔者认为，面向未来教育的教改风向标，应以"幸福"为核心，科学理顺音乐与数学的相互关系，通过一体化探究渗透本质意识、一体化课程整合多元价值和一体化素养提升美育功能等融合策略，有效促进学生的全面和谐发展。

二、音乐与数学关系简述

《学习罗盘 2030》特别强调各种关系对学生的影响。看似毫无关系的音乐与数学，早在 2 500 年前，古希腊毕达哥拉斯学派等科学家，深受"整个宇宙即是和声和数"的观念影响，伽利略、欧拉、傅立叶等都深入研究音乐与数学的关系。圣奥古斯汀认为"数还可以把世界转化为和我们心灵相通的音乐"。J. J. Sylvester 提出"数学是理性的音乐，音乐是感性的数学，两者的灵魂是完全一致的"。①爱因斯坦认为"我们这个世界可以由音乐组成也可以由数学组成"②。点、线、面、体、元素、万物等都是基于"数"，因此"数"在物之先，且"数"决定着自然界的一切现象与规律，自然现象、规律与"数"之间存在着一种必须服从与被服从的关系。几何中，点成线，线成面，再由多个相交的面构成各种各样的几何体。类似地，在音乐中，音符组成音线，音线组成音面，再由多个相交的音面构成各种各样的立体音乐。显而易见，数学与音乐竟存在如此密切而又非常神奇的关系。

加州大学科研人员研究发现：音乐训练和数学能力之间也存在直接联系。他们让一群学生分成 3 个组分别上钢琴课、英语课和不上课。然后，从参与实验的每组中抽取一定比例的测试对象，分别对他们进行专项视觉空间训练：玩一种特别设计的电视游戏。最后，测试这些人解决数学问题的能力。结果表明，在这些测试的学生当中，选择钢琴的比选择英语课和不上课的得分能力分别高出 24.7% 和 154.5%。

三、音乐融入数学一体化教学策略

1. 数音一体化探究渗透本质意识

熟悉并对音乐有一定研究的教师会发现，音的命名、时值、排列、和声、结构等都包含着"数"，这种"数"通过构筑、延伸、流动变化的形象线条呈现出来。研究表明，人耳的敏感程度与声音频率大致呈指数关系，频率越大，敏感度越大。人们惊奇发现，各种不同频率、振幅及相位叠加在一起就构成"复合波"，于是形成美妙动听的旋律。从数学角度来看，就是两个正弦函数的叠加，从而使新函数的周期变小（比值的最小公倍数），这样的和弦就更有规律、更好听。在高中数学素养培育中也非常重视美育的渗透（例 1）。

例 1　（2021 福建高三联考）音乐是用声音来表达人的思想感情的一种艺

---

①　张悦. 关于"音乐哲学"的思考与探索[J]. 西安音乐学院学报，2022(02)：183.

②　周倩. 爱德华·李普曼《哲学与音乐美学》译介及其音乐美学思想初探[J]. 西安音乐学院学报，2013(01)：247.

术。声音的本质是声波，而声波在空气中的振动可以用三角函数来刻画。在音乐中可以用正弦函数来表示单音，用正弦函数相叠加表示和弦。某二和弦可表示为 $f(x)=\sin2x+\sin3x$，则函数 $y=f(x)$ 的图像大致为（　　）。

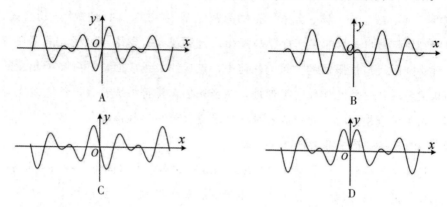

【解析】借助音乐的基本知识，通过函数奇偶性及特殊值法，可以较为容易得出正确答案：A。

2. 数音一体化课程整合多元价值

《学习罗盘2030》强调要构建学生主体性，利用知识、技能、态度与价值观帮助学生实现"在陌生环境中自定航向"。数音一体化课程就是引导利用知识、技能、态度与价值观，将数学的思维美与音乐的艺术美巧妙地结合在一起对课程进行再创造。

黄金分割比是数学与音乐最为密切的契合点，也是数学音乐一体化课程整合的联结点，更是学生从数学角度理解音乐或从音乐角度感悟数学的衔接点。例如，奇妙的斐波那契数列：1、1、2、3、5、8、13、21、34、55、89……。该数列的特点是：任何相邻的三个数，其中前两个数之和等于第三个数。更为奇妙的是，数列项数越靠后，前后相邻的两个数之比就越来越接近于黄金分割比0.618。研究发现大部分被大众认可为名曲、优美的音乐其主体旋律的高潮部分大都被安排在了黄金分割点上。例如在贝多芬的《月光》中：第一乐章69小节，主题从43小节开始再现，43/69＝0.62；第二乐章96小节，主题从61小节开始再现，61/96＝0.63，都非常接近黄金分割比。这些发现令人不禁赞叹自然界的美妙、和谐、统一，也进一步验证了莱布尼茨关于"音乐是数学在灵魂中无意识的运算"的著名论断。

3. 数音一体化素养提升美育功能

《学习罗盘 2030》强调要培养学生的变革性素养，未来教育应该加强培养学生跨领域且内在相互关联的素养。美育是人的全面发展教育中极为重要的一个环节，而数学与音乐在课程中的交融是美育的集中体现。

音乐素养的提升是学生审美情趣提高的重要途径，在音乐与数学的交互中，学生能够充分理解数学美的内涵。音乐融入数学教学在减轻学生负担的同时，还能提升学习效率和数学思维，达到事半功倍的效果。值得指出的是，近年来随着新课改的进行，音乐也越发频繁地出现在了高中数学高考题中，例如 2020 年全国高考Ⅱ卷文科数学卷中有这样一道题（例 2）。

例 2　（2020 全国Ⅱ卷文 3）如图 59，将钢琴上的 12 个键依次记为 a_1，a_2，$\cdots$，a_{12}。设 $1 \leqslant i < j < k \leqslant 12$。若 $k-j=3$ 且 $j-i=4$，则称 a_i，a_j，a_k 为原位大三和弦；若 $k-j=4$ 且 $j-i=3$，则称 a_i，a_j，a_k 为原位小三和弦。用这 12 个键可以构成的原位大三和弦与原位小三和弦的个数之和为（　　）。

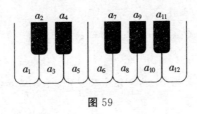

图 59

A. -5　　　　　B. 8　　　　　C. 10　　　　　D. 15

【答案】C，过程略。

倘若是音乐素养很好的考生，可能会采用下面这种非常巧妙的解法（如图 60）：

大三和弦有5个　　　　　　　　　　小三和弦有5个

图 60

所以这道题的答案为 10 个，选 C。

四、结语

"美妙的事物中必定包含数学!"数学家克莱茵说:"音乐能激发或抚慰情怀,绘画使人赏心悦目,诗歌可以扣人心弦,科学可以改善物质生活,数学则可以提供以上的一切。"①或许这就是对数学认识的最高境界。《学习罗盘2030》强调要培养学生承担责任的素养,教师应以"幸福"为核心,应用音乐与数学的密切关系,通过一体化探究渗透本质意识、整合多元价值和提升美育功能等融合策略,引导学生认真学好数学也许是学生鉴赏音乐、了解绘画、领悟诗歌和应用科学的有效路径之一,是学生未来适应社会变革的必备品质、关键能力和责任素养。

参考文献

[1]周日桥.对2018年高考数学全国卷Ⅰ的认知分析与单元一体化教学建议[J].中学数学教学参考,2019(3):56-57.

[2]黄安娜.古诗词歌曲融入小学音乐教学的实践研究[J].新课程导学,2021(04):51-52.

[3]黄安娜,周如波,吴晓莹.均衡背景下小学音乐合唱教学的有效性探究[J].黄河之声,2020(15):126-127.

[4]周日桥.MM方式在高中数学"教·学·研一体化"中的应用探究[J].高中数理化,2021(05):20-21.

---

① 吕同林."数"过三"关"[J].初中生世界,2015(14):1.

后 记

　　本书是著者在其著作《中小学数学一体化教学》的基础上，经过两年多时间的"实践—思考—实践"，对一体化教学进行了不同视角的审视和思索，对在一体化教学实践探索中取得的成功案例和经验教训也进行了思考和提炼，结合专家学者的指导意见和教育同行的支持帮助，进一步形成了中小学数学一体化教学的实践范式。根据广东省教育科学"十四五"规划 2021 年度中小学教师教育科研能力提升计划项目研究的要求，以"基于《学习罗盘 2030》的中小学数学一体化教学实践研究"（项目编号：2021YQJK012）这一广东省教育科学规划课题实践研究为主线，构建出一种促进学生知识学习、思维训练、能力培养及素养提升一体化发展的教学理念与教学策略。

　　二十多年来，笔者从一线数学教师成长为区中心组成员、广州市番禺区人民政府教育督学、广州市吴新华名教师工作室成员、广州市何勇教育专家工作室成员、广州市基础教育系统新一轮"百千万人才培养工程"名教师培养对象、广州市名教师工作室主持人、广州市教育研究院首届特聘研究员（中学数学）、广东省张蜀青名教师工作室入室学员、广东教育学会教育管理委员会常务理事、广东省教育评估学会理事等。近年来带领教学团队助力石碁片区在高考、中考及办学绩效评比取得了一个又一个好成绩，组织研究团队主持区、市、省规划课题研究并积极转化为优秀教学成果。这一切都有赖于上级领导的关心与支持、同事们的信赖与帮助、家长和社会的肯定与激励。特别是在教学科研路上给予我莫大帮助的人，在此表示衷心的感谢。

　　感谢学术导师黄崴教授、傅荣教授、曹广福教授、何小亚教授、朱新秤教授、卢建川副教授、王世伟副教授、何勇校长、吴新华副院长、谭国华老师、张蜀青老师等，他们不仅学识渊博、治学严谨、待人真诚，而且他们以聪慧的眼界、严谨的思想，以及对专业领域前沿问题和发展动态的把握，给了我众多的赐教和长远的影响，他们在学术研究上也给予了我很多的指点、关爱和帮助。

感谢我工作上的领导吴岳冬二级调研员、谭小华校长、彭朝晖主任、黎耀威副校长、张树锋主任、李进成主任、向庆余老师、唐榜权老师等，他们在教学工作、科学研究、教育管理和为人处世等方面都给了我许多的指导、众多的启迪和莫大的帮助。

感谢积极助力教学研究实践的邓胜旺校长、李伟主任、郭红副校长、李新茂副主任、胡有安校长、李洁莹校长、黎秋荣副校长、黄宁波副主任、马丽娟主任、彭健仪老师、马志强老师、邬振星老师、郑卫中老师等，是他们给予我写作的思路和动力，并为本书写作提供了部分素材。

感谢石碁片区参与调查研究、教学实践的学校领导、老师和学生对相关调查、教学实践所给予的积极投入和大力支持，让我们在"实践—思考—实践"过程中不断丰盈研究成果。

感谢家人鼓励我在教学研究上不断努力，尤其是我的爱人在工作繁忙之余还要照顾好孩子，为我的写作创造了温馨的环境，让我感动万分！我懂事、自立、自强的孩子们，减少了我无谓的操劳，给予了我更多的时间兼顾好工作、学习和写作。

到目前为止，还不能说"中小学数学一体化教学"范式已经成熟，相信还存在许多需要改进和完善的地方。虽然，经历了区、市、省规划等课题的研究探索，在《中学数学教学参考》《高中数理化》《中学数学(高中版)》等学术期刊发表论文30余篇，相关成果也在2021年获得广东教育协会优秀成果一等奖，并获得广州市基础教育教学成果入库项目培育，但内心总感到忐忑不安。"青春是用来奋斗的""行百里者半九十"，我们相信，通过后继课题的深化研究，"中小学数学一体化教学"范式会更加完善，唯有努力，努力，再努力。以此为谢！

著者

2022 年 8 月于广州番禺